石井志昂
Shiko Ishii

「学校に行きたくない」と子どもが言ったとき親ができること

ポプラ新書
212

はじめに

本書を手に取っていただき、ありがとうございます。この本を最後までお読みいただけたら、子育てについて、少し安心してもらえるのではないかと思っています。

書かれている内容は子育てに関するノウハウ、とくに不登校や学校へ行きたがらない子どもに対するノウハウです。しかし、私が頭のなかだけで考案したノウハウは一切ありません。私を含めた不登校当事者と親が、不登校をきっかけとして家庭内でもみくちゃになりながら、傷つけあいながら、獲得してきたノウハウです。頭だけで考えたことではなく、感じてきたことや傷ついたことから導き出した答えを一冊に集めてみました。

私は中学2年生の冬に不登校をしました。理由は本書でお伝えしたいと思いますが、「もう学校に行きたくない」と初めて母に伝えながら号泣してしまった日は、今でも忘れません。また、不登校になってからも将来への不安から「もう生きている意味がない」と思い詰めていた日もありました。そんななかで家族、とりわけ両親は一緒に悩んでくれました。ところがすべてがうまくいったわけではありません。私が両親に対して傷つけるようなことを言った日もありますし、両親の態度に私が苦しんだ日もあります。

転機となったのは、まだ日本では認知度が低かったフリースクールとの出合いです。不登校の子たちが集まるフリースクールで居場所を見つけ、その後の就職先となる『不登校新聞』に出合いました。『不登校新聞』は日本で唯一の不登校専門紙です。不登校を「治す」ための新聞ではありません。学校で苦しむ子どもが安心できる社会を目指して、当事者や親御さんの生の体験談を載せている新聞です。本書の母体となっているのは『不登校新聞』と言っていいでしょう。

私は16歳のときに『不登校新聞』にボランティアとして関わり始め、19歳からはスタッフとして、24歳からは編集長として働かせてもらっています。正確な数字は難しいのですが、400人以上に取材をしてきました。著名人の方も多数いますが、なかでも多かったのは不登校の当事者と親御さんです。

取材を通して、様々な人と出会いました。親御さんの職業だけを言っても、高学歴でバリバリのキャリアを持つ人もいれば、保育士や教員などの子育て・教育に関わる仕事に就いている人もいましたし、専業主婦の方もいました。シングル家庭で子どもと2人だけで暮らしている人もいれば、祖父母と同居して大家族で暮らしている人もいました。

不登校になった子のタイプもさまざまです。一般的には不登校の子は「暗い子」という印象が強いでしょうか。私が出会ったなかには、いつも明るくてクラスの中心にいた子もいましたし、有名大学に進むような優等生だった子も、なによりも運動が好きだというスポーツマンの子もいました。

不登校になった理由もさまざまです。いじめもあれば、学校教育に納得ができないこともあれば、親と離れる時間が怖かったという人もいます。取材時の年齢も幅広く、6歳の子から話を聞いたことも、満州帰りで不登校になったという70代の女性から話を聞いたこともあります。

千差万別の不登校ですが、共通項がひとつ。親も子も不登校に苦しんでいました。「怠け」や「なんとなく」で不登校をした人はひとりもいません。学校に通うことが絶対だというこの社会のなかで、一瞬でも学校と離れることは、子どもにとっても親にとっても苦痛を伴うことです。さらに言えば、子どもを思うあまりに、追い詰めてしまった親御さんが多かったです。

しかし、不登校を通して親も子も多くの学びを得ていました。それは言葉にすれば単純なことですが、「自分を大切にする」ということです。子どもはもちろん、親自身も自分のことを大切にする。常識や世間体などは大切ではありません。

親も子もさまざまな葛藤を経て、自分を大切にすることがなによりも大事なんだと気がつき、不登校の向こう側に穏やかな日々を見つけていきました。子育てのなかで「自分を大切にする」とは具体的にどんなことなのか。本書を通してお伝えできればと思っています。

「学校に行きたくない」と子どもが言ったとき親ができること／目次

はじめに　3

第1章　子どもがのびのびと育つためにできること　17

子どもは雑談したがっている　18
子どもの興味に寄り添う　19
子どもが好きなことをやってみる　21
真剣に見なくていいときもある　22
子どもの話をコントロールしない　23
どんどん別の話が出てくる　24
共感するふりでもいい　25
子どもに提案するときはひと呼吸置く　27
子どものなかで解決していたら深追いしない　28

母からの提案で気持ちが救われた　29
怒っている理由は伝わらない　30
子どもは親の笑顔が好き　31
「いい親」でなくていい　32
子どもは自分で大きくなっていく　33
子どもと距離をとる時間を作る　34
大切なのは子どもが今幸せかどうか　36

第２章　子どものＳＯＳをキャッチするためにできること　39

代表的な５つのＳＯＳ　40
「宿題が手に付かない」は気づきにくいＳＯＳ　41
スマホやゲームを取り上げても解決しない　42
子どもに率直に聞いて大丈夫　43
親としての直感を信じる　44

親を信頼しているからこそ愚痴を言う　45
「学校を休みたい」と言ったら休ませる　47
「もう少しがんばってみよう」はＮＧワード　47
数日休むと学校に行きたくなる　48
こまめに休むと深刻な事態になりにくい　49

第３章　子どもが学校に行かないときにできること　53

「不登校」でも、週２、３日学校へ行っている　54
学校に行きたくない理由は重なり合っている　55
いじめのピークは小学２年生　56
いじめは大人から見えにくい　57
無理に理由を聞こうとしない　62
「なんで学校に行けないの？」はＮＧワード　63
詳しく聞き出さなくても想像できる　64

つらいまま学校に行くほうが傷は深くなる　65
子どもの気持ちにつきあう　67
不登校は一番苦しい時期を脱したサイン　69
まずは心と体を休ませる　70
感情を噴出させる時期に入る　71
自分に起きたことを言語化する　72
言語化が終わると親離れする　72
気持ちの整理がつくのに数年かかった　73
子どもが言われてうれしい2つの言葉　75
勉強はいつでもできると開き直る　80
やる気があれば効果は出る　82
学校との向き合い方を決める　85
子どもの学ぶ力はとても強い　85
フリースクールという選択肢もある　87

子どもの意思を大切にする　88
子どもの社会性は家庭で育つ　94
ひとりで抱え込まないことが大事　99
苦しさを察してくれた人に相談する　101
夫婦の足並みが揃わなくても大丈夫　102
コラム　先生や友だちが訪ねてきたときはどうする？　77
コラム　インターネットはルールを決める　84
コラム　フリースクールでは何をするの？　89
コラム　フリースクールはいくらかかるの？　92
コラム　教育機会確保法で何が変わったの？　93
コラム　留守番をするときはルールを決める　96
コラム　昼夜逆転を直すのは難しくない　97
対談　汐見稔幸×石井志昂　子どもを信頼して、見守っていく　105

第4章　子どもの将来のためにできること　137

あきらめることも大事　138
思い続けることが大切　139
不登校経験者の85パーセントは進学する　141
弁護士からタレントまでさまざまな職業に　141
引きこもっていた女性は作業療法士に　143
派手な人生ではなくても幸せになっている　144
「ふつう」のおじさん、おばさんになる　146
「不登校」の終わりは人によって違う　147
不登校の経験はいつか自分の財産になる　148
対談　川上量生×石井志昂
「未来の教育」はネットとＩＴを使った個別教育　153

おわりに　177

第1章　子どもがのびのびと育つためにできること

最近は、子育てについての情報があふれていて、不安になってしまったり、焦ってしまったりすることもあるのではないでしょうか。それこそ生まれて間もないうちから、発達が早い、遅いと比べられ、一喜一憂して、振り回されてしまうこともあるかもしれません。

子どもはその子なりに一生懸命に生きています。親だって、一生懸命に子どもを育てていて、子育てに大差はないと思うんですね。

子どもにのびのびと育ってほしいと願うなら、子どもとの雑談を楽しむ、できるだけ笑顔でいる、といった一見シンプルなことが一番大切ではないかと思います。

子どもは雑談したがっている

「チャイルドライン」という18歳までの子どものための電話の相談機関があります。子どもたちは親や先生、友だちには言えないことを相談したくて電話をかけてくるわけですが、寄せられる相談内容のトップ3にランクインしているのが、「雑談をしたい」です。

この傾向はもう10年ほど続いていて、思春期の子どもたちがなんでもない話をする相手に困っているということを浮き彫りにしています。

雑談などのなんでもない時間を親子で過ごしていると、子どもの中に無条件の自己肯定感がはぐくまれるのではないか。私は、そんな風に考えています。

雑談は、相手に何も求めない時間とも言い換えられると思います。そういう時間をシェアすることで、「あなたはそこにいていいいんだよ」というメッセージを子どもは受けとることができます。

言葉で「愛しているよ」「大切にしているよ」と伝えることも大切です。でも、言葉にするのって、難しいですよね。あえて言わなくても、子どもに気持ちを伝えることができる。それが雑談のよさではないかと思います。

子どもの興味に寄り添う

ふだんから雑談ができていると、子どもに何かあったときや、なんかつらそうだなと思ったときに、「どうしたの？」と聞きやすいと思いますし、子どもも話しやすくなります。

子どもにとって話しやすい相手とは、雑談ができる相手です。親子の間で、ふだんから雑談をしているか、ちょっと振り返ってみてはいかがでしょうか。子どもに話しかけるときに、「手は洗ったの？」「テレビは消しなさい」「宿題は？」など、注意から会話が始まることはないでしょうか。

では雑談をどうやって始めるのかといえば、相手が好きなことを聞くのが一番いいと思います。子どもがゲームをしていたら、「そのキャラクターは何？」と聞いてみる。「ゲームばっかりして」とため息をつくのではなく、子どもがしていることに興味を持って話しかけてみる、ということです。

親から見れば子どもは無駄なことをしているように思えることもありますし、小言を言いたくもなります。けれども、親が雑談の相手になってくれると、子どもは自分の気持ちを整理でき、興味や関心ごとを広げていけます。

子どもが好きなことをやってみる

子どもが思春期に入り、雑談に乗ってきてくれないようでしたら、子どもが好きなことをやってみるといいと思います。子どもが動画を見ていたら、動画を見てみる。ゲームをしていたら、ゲームをしてみる。必ずしも同じ動画やゲームでなくてもかまいません。こういう間接的な肯定は子どもからの反発を招きづらいのです。

子どもが話に乗ってきてくれたところで気をつけたいのは、途中で話を違う方向に持っていかないことです。私の母も、ゲームの話をしていると、「じゃあ、ゲームを作る人になったらいいと思うよ」などと言うことがありました。

子どもがしたいのは「今」の話です。今、楽しんでいることを聞いてほしいのに、そんな将来の話を持ち出さないでほしい。「また誘導が始まった」と、思ってしまうわけです。

子どもが好きで楽しんでいることは、子どものほうが詳しいですし、子どもに教えてもらうという態度で話すのがいいと思います。

子どもとの雑談に困ったとき、テレビがあると話しやすくなります。今なら動画サイトでもいいと思います。

テレビや動画といった対象物を挟むことを「会話の三角形を作る」とも言いますが、三角形を作ることで親と子があまり向き合わずに会話をすることができます。

あえて向き合わないようにする理由は、子どもと向き合うと注意をしたくなるから。向き合わずに雑談をしていると、心が穏やかになるといわれています。三角形を作るほうがお互い無駄な衝突をしなくてすむと思います。

真剣に見なくていいときもある

子どもは、よく「見て！」と言います。たとえば、「ゲームをクリアしたよ」と言ったり、何か作って見せたり、逆立ちをして見せたりです。

子どもに「見て！」と言われたら、もちろん、ちゃんと見てあげるに越したことはありません。でも、毎日毎日、それが続くと、保護者の方も大変だと思います。時間に追われるなか、そのたびに家事の手を止めるのも大変です。そういうときは、真剣に見なくていいんです。時間に追われていたら「見たよ！」と言って、実際は見ていなくてもいいと思うんです。

でも、子どもがいつもは話さないような話をしているときや、悩んでいそうなとき、うつむいてしゃべっているときは、家事や仕事の手をいったん止めて、最後まで話を聞いてあげてください。

学校へ行きたくない、いじめにあっているということがなくても、子どもには特有の悩みがあります。たとえば、いつか自分は死んでしまうかもしれない、親が死んでしまうかもしれないという、漠然とした不安であることもあります。

初めて経験する価値観や恐怖心に揺れ動いているときに、困ったり、迷ったりして、親に話し始めるということもあるのです。

子どもの話をコントロールしない

子どもが話し始めたら、先に立って話を先導しようとせず、あとをついていくように話を聞いてあげてください。

子どもの話を聞きながら、大切なことだから伝えなければいけないとか、間違っていることは指摘しなければいけない、という思いにかられることもあると思います。

でも、まずは聞き手に徹してあげてください。子どもの話をコントロールしようとしたり、保護者の方が期待する結論に結びつけようとしたりするのは、やめてあげてほしいのです。言いたくなる気持ちをおさえて、たくさん聞いてあげてください。

たとえば、子どもが「宿題が終わらなかったんだ……」と話し出したときに、「だから早めにやりなさいって言ったよね！」と口を挟みたくなるところをぐっとこらえて、「そっか」とうなずいて聞いてあげてください。

どんどん別の話が出てくる

そうやって子どもの気持ちを聞いていくと、子どもがどんどん別の話をしていくことがあります。その奥にあるのは宿題の話ではなく、実は人間関係に悩んでいたり、先生との関係に悩んでいたり、自分の特性について悩んでいたり、ということがあるのです。

話しながら気持ちが整理されて、子どもが自分の心の奥にある気持ちに気づくこともあるでしょう。だから、揺れる気持ちもそのまま聞いてあげてほしいと思います。

小さい子だと、そのときに泣いてしまうことがあるかもしれません。中学生くらいでもそうです。これは親子限定で言えることですが、そういったとき、小学生くらいであれば抱きしめてあげるのがいいと思います。中学生以降だといやがる子もいますので、手を握ってあげてください。それだけでも子どもはほっとします。

共感するふりでもいい

話をきちんと聞いてもらう前に、問題を勝手に決めつけて、求めてもいない情報を提供されたら、誰でもいやなものです。この気持ちは、子どもでも同じなんだ、ということを忘れないでほしいと思います。

また、子どもが不安を抱えているときは、「気にするな」「仕方がない」という言葉は言わないであげてください。それを言っても不安な気持ちは取り除けないですし、言われた子どもは自分が否定されたような気持ちになります。

子どもの不安や葛藤にはできれば共感を示してあげてください。難しければ共感するふりでもいいんです。

これはカウンセリングの手法ですが、ある程度の「オウム返し」は効くと思います。「宿題、できなかったんだよ」「そう、宿題ができなかったのね」「だから、学校に行きたくなくて」「学校、行きたくないんだね」と、子どもの話をそのまま繰り返す。

その人に寄り添って話を聞く、「傾聴」が大事です。でも、聞いているとイライラすることもあるでしょう。難しいです。

もちろん、本人がどんな気持ちだったのか、理解しようと思いながら聞くほうがよいとは言われています。しかし、できない場合は「傾聴役」という芝居を打つと心に決めてください。本心までコントロールしなくてもいいんです。素晴らしく理解のある親、子どもの苦しみをまるごと受け止める親になんて、誰もなれないんですから。

子どもに提案するときはひと呼吸置く

子どもにアドバイスをするときに、難しいのはタイミングです。子どもの話を聞いたうえで、「親としてできることがあるな」と思ったら、すぐに子どもに提案するのではなく、家族やご自身の友だちなど誰かに話して、ワンクッション置くのがいいと思います。

ひと呼吸置かないと、子どもの性格や特性を理解しているがゆえに、「この子にはこっちの道がいいだろう」という親自身が思い描いている道を、どうしても押しつけがちになります。子どもと話していると、そういった邪念が混じってしまうんですね。

また、話が長くなれば長くなるほど、話を遮《さえぎ》りたくなることがあり、そのための提案をしてしまうこともあります。

不登校の子どもたちを支えるフリースクールでは、「ふり返り」といって、その日の終わりにスタッフ同士で、「彼女はこういうことを言っていた」などと言動を共有することがあります。そして、その子の言葉の奥にある気持ちを複数人で探り合います。そのうえで、子どもに提案をするのです。

提案はそれぐらい難しいものなので、組織的にできない場合はワンクッション置くのがいいと思います。そうすることで保護者の方も冷静になれると思います。

子どものなかで解決していたら深追いしない

ワンクッションを置いてから提案するということは、日をあらためてその話を切り出すことになります。

ところが、満を持して切り出したものの、子どもが「いや、もうそれはいいんだよ」などと言うことがあります。提案しようと思った矢先に「もういいよ」と言われたら、がっかりしますよね。せっかくワンクッションを置いて、言いたいことを言わずにこらえて、考えてきたのにと。でも、子どものなかで解決しているようだったら、それでよし。本人の気持ちを優先してあげてください。

母からの提案で気持ちが救われた

私自身、母からの提案で気持ちが救われたことがあります。フリースクールに通っていた15歳の私は、学校へ行っていないのだからアルバイトをしなければいけないと思い、気が焦りました。ところが、18歳未満を雇ってくれるところはなかなかありませんでした。

右往左往して、これをやろうか、あれをやろうかと話していたのですが、ある日、ずっと黙って聞いていた母が「話があるんだけど」と切り出しました。「もしかして、お金に困っているの？」という話から始まり、母はこう続けました。「今はフリースクールに行ったりして、いろいろなことを学んでいるところだから、すぐにアルバイトをしなくてもいいんじゃないかな。もし、お金に困っているのだったら、おこづかいのことは考える。でも、アルバイトはそこまで無理する必要はないと思うよ」

母からそう言われて、心底ほっとしている自分がいました。そのときの私はアルバイトをしたかったわけではなく、学校へ行っていないかわりに何かしなきゃと、目に見えない何かに追い詰められていたからです。

母には「お金には困っていないよ」と言ったものの、少しだけおこづかいの額をあげてくれたので、私としてはより助かりました。

いきなり「アルバイトをする必要はないと思うよ」と言われたら、気持ちを否定されたように感じたはずです。ワンクッションを置いてからの提案は、子どもの側から考えても有効だと思います。

怒っている理由は伝わらない

子どもは、親が笑顔でいると安心します。私自身は子どもの頃に親に怒られた経験がたくさんありますが、なぜ怒られたかという理由については思い出せません。子どもは、大人が怒っていると、「こわい」と感じるだけで、なぜ怒っているのかという理由はよく覚えていないものなんですね。

大人は、怒っている理由を伝えたいはず。怒っているという感情自体は、子どもに伝えたいことではないはずです。それなのに、子どもには、肝心の「理由」のほうが伝わりません。

子どもは親の笑顔が好き

一方で、大人が笑顔でいたら、子どもは「今したことはいいことなんだな」と覚えているものです。以前に取材した田口ランディさんは「子どもは親の笑顔が好き」とおっしゃっていました。子どもは、親が笑顔か否かで多くのことを判断しているんですね。

知り合いの女性も「不登校時代はつらかったけれど、親とテレビを見ながら笑っていた時間が救いになった」と言っていました。子どもは親が笑っている顔が好きですし、それだけで安心なんです。

「いい親」でなくていい

大人は子どもに、虚像ともいえる「あるべき姿」を追い求めてしまいがちです。でも、子どもは、大人が思う「あるべき姿」になれないものです。

たとえば、椅子に座るときも、ヘンなかっこうで座ったりします。するとつい「なんでちゃんとできないの？」と言ってしまうこともありますよね。それは子どもにとってはきついことなのです。

子育てをしていると、親としての責任を果たさなければと思ってしまいます。子どもの気持ちを受け止めて、勉強もさせて、遊ぶときは遊ばせて、おいしいご飯を作って……。「いい親」であろうとすると、ノルマが増えるばかりです。

頭のどこかに、「親の自分がしっかりさせなきゃ」という気持ちがあると、子どもがだらけていたり、自由奔放にしていたりすることを認めるのが難しくなることもあります。

でも、子どもにはその子の「ふつう」があります。だから、保護者の方はその子その子の育ち方やありようを認めて、自分自身が笑顔でいることを優先してみてほしいと思います。

そのためには、勉強をさせたり、子どもをコントロールしたりできる親が「いい親」だという思い込みや、あるべき親像はいったん捨ててしまうのがいいのではないかと思います。

子どもは自分で大きくなっていく

親の関わりが、子どもの成長を決定的によくするなんてことはありません。なぜなら、子どもは自分で大きくなっていく力を持っているからです。どうか、その力を信じてあげてください。

「親はなくとも子は育つ」ということわざがありますが、明治生まれの文豪・坂口安吾はより踏みこんで「親があっても子は育つ」とまで述べています。

現代社会では子どもの成長や教育について、親御さんに過度な期待を寄せている気がします。昔の人のように子どもが自分で育つ力を信じ、「親があっても子は育つ」くらいの感覚があっていいのではないでしょうか。

そして、自分と子どもとの関係を良好に保つにはどうしたらいいのだろうと、考え方を切り換えることも大切です。そうすると保護者の方も楽になり、自然と笑顔でいられるようになると思います。

不登校の子を持つ親御さんからも、「いい親」であろうという枠組みから抜けたときに楽になったという話をよく聞きます。親が楽になった姿を見ると、子どももほっとして楽になれます。

子どもと距離をとる時間を作る

とはいえ、自然に笑顔でいられるかというと、そう簡単ではありません。コロナ禍でステイホームの時間が長くなり、子どもと接する時間が多くなったことで、子どもを見れば見るほど苦しくなったという方もいました。

子どもが家にいると、1日3食、ご飯を作らないといけません。掃除をしていても、子どもはそんなことはおかまいなしにダラダラしています。勉強する気配もない。すると、どうでしょう。親子が一緒の時間を過ごせば過ごすほど、親は愛するわが子に腹が立ってくるという事態に陥ります。

親がイライラしていると子どもも苦しい。だから、あえて子どもから目を離す時間を作るというのが「距離をとる」ということです。子どもに対して腹が立つこともあるかと思いますが、そのイライラを適切に発散するのが大人の役割です。

子どもが幼児でなければ、子どもとの時間を楽しむためにも、1日1～2時間、子どもから目を離す時間を作るといいと思います。その間、子どもが何をしようがかまわないと決めたら、気持ちがせいせいするはずです。子どもも、ずっと見られていることはプレッシャーです。親の視線が外れることで、お互いに楽になります。

大人も子どもも自分の時間が必要です。あるお母さんは、ひとりでドライブに行って車の中で愚痴を言ったり、泣いたりしたそうです。自分の時間を作り、その時間を大切にすることが、とても大事だったというのは、不登校の子を持つ多くの保護者の方からも聞くことです。

大切なのは子どもが今幸せかどうか

「子どもをコントロールしようとするとうまくいかなくて、子どもの意思を尊重すると親も子どももハッピーになれる」というのは、取材をしてきた保護者の方々が口を揃えて言うことです。

発達心理学者の浜田寿美男《すみお》さんは、「子ども時代というのは大人になるための準備時代だと思われているけれども、子どもは『今』という本番を生きています」とおっしゃっていました。

浜田さんの言葉どおり、大事なのはその子が今幸せかどうかだと思います。子どもの将来を必要以上に考えたり心配したりするのではなく、今子どもが楽しそうか、幸せそうかを基準に考えると、親も笑顔でいられ、子どももののびと心豊かに育っていくのではないでしょうか。

子どもがのびのびと育つためにできること

- 子どもとの雑談を楽しむ
- 子どもの話を聞く
- 子どもに提案するときはひと呼吸置く
- できるだけ笑顔でいる
- 子どもと距離をとる時間を作る

第2章

子どものSOSをキャッチするためにできること

子どものなかで、いくつものストレスが重なると、不登校になる場合があります。子どもが深く傷つく前に、できるだけ早く子どものＳＯＳをキャッチして、ケアしてあげることが大切です。

代表的な5つのSOS

子どもに見られる代表的なＳＯＳは、「体調不良」「食欲不振」「情緒不安定」「宿題が手に付かない」「不眠」の５つです。

「体調不良」や「食欲不振」、そして、一日中イライラしている、頻繁に甘えてくる、すぐ泣くなどの「情緒不安定」は、いつもと違うなと気づきやすいと思います。

とはいえ、この５つが代表的なＳＯＳだと知らなければ、すぐに「ＳＯＳを発している」とは思わないのではないでしょうか。フリースクールでも、複数のスタッフが情報共有をするなかで「これって情緒不安定の兆候が出ているんじゃない？」といった結論にたどり着きます。

「宿題が手に付かない」は気づきにくいSOS

なかでもとくに気づきにくいのは「宿題が手に付かない」です。「宿題ができなかった」とか「やろうと思ってもできなかった」と言われたら、どうでしょうか。多くの場合、「ちゃんとやらなきゃダメでしょ」と言って終わりではないでしょうか。

宿題が手に付かないのは、やる気がないとか、さぼりたいからではありません。とても大きな不安があると、宿題を提出しなければいけないとわかっていても、ひと文字も書けなくなることがあります。名前を書くことすらできなくなってしまうのです。

「宿題ができなかったから」と言って学校へ行かず、不登校になった事例として有名なのは、芸人の山田ルイ53世さんです。

山田さんが不登校になったのは中学生のときでした。山田さんの場合は、中学受験をして、名門中学へ入ります。しかし、部活も勉強もがんばりすぎて疲れ切ってしまい、登校もできなくなってしまったそうです。

さらに、その後は「ルーティーン地獄」とご本人が呼んでいるこだわりに苦しめられます。勉強をしようと思うと、まずは机の上の掃除を始め、それが終わると次に部屋の掃除。部屋の掃除が終わると、次は自分の体についたほこりが気になり、体をふき始めてしまう。

このような症状を強迫症状と言いますが、不安要素が大きいと、何かをやろうと思っても、別のことが気になり始めてしまうことが往々にしてあります。

宿題をやりたくないというのは、誰にでも経験があることなので、たまにはそんなこともあるだろうと見落としがちです。遊びに夢中で宿題をやりたくないだけならいいのですが、ＳＯＳと見分けることが難しいことも多々あります。

スマホやゲームを取り上げても解決しない

また「不眠」もわかりにくい場合があります。夜中までゲームをしていたり、スマホをいじっていたりする子に対して、そのせいで朝起きれないんだろうと思ってしまいがちです。

けれど、何かしらの悩みや不安があって寝られず、スマホやゲームを手に取ってしまう子もいます。その場合は、スマホやゲームを取り上げるだけでは根本的な解決にはなりません。

宿題が手に付かない、ずっとゲームをしたりスマホを手にしていたりする、というときは、子どもがどこか不安げにしている様子がないか、気にかけてあげてほしいと思います。

子どもに率直に聞いて大丈夫

子どもが何か悩んでいそうだな、つらそうだなと思ったら、率直に聞いて大丈夫です。「心配している」という気持ちを伝えて、「何か悩んでいるの？」「何か不安があるの？」と聞いてみてください。

子どもが話し始めたら、向き合って話を聞いてあげてください。話すなかでケアされていきます。

中学生以上の場合は、なかなか話したがらないかもしれませんが、食後は話しやすいタイミングのひとつです。まず一緒にご飯を食べて、そのままなんとなく世間話を続けるうちに、気持ちに余裕が出てくるでしょう。たわいのない話をしていると、気持ちが徐々に楽になっていくと思います。

ひとつ気をつけたいのは、無理に勉強や将来の話をしようとはしない、ということです。子ども自身がその話に触れてきたら話を聞いてあげてください。子どもが不安や悩みを話し出さない場合は、「今日は話したくないのだろう」と割り切り、話し出すのを待ってあげてください。

親としての直感を信じる

子どもが話さない場合は、子どもの様子を見て判断することになりますが、子どもによってSOSの表れ方は違います。年齢によっても違います。

一番大事なのは親としての直感を信じることです。子どもの様子を見て、「いつもと違う」「何か変だ」と感じたら、その直感どおり何かが起きているはずです。

ただし、不安な気持ちはあてになりません。子どもを心配するあまり、突拍子もないことまで予測して、不安を募らせてしまうものです。

不安がどんどん膨らんでくるようなときは、「そんなもんだ」とやり過ごすか、誰かに話を聞いてもらうといいと思います。

親を信頼しているからこそ愚痴を言う

一方で、こちらから何も聞かなくても、子どもが「学校、ダルい」などと愚痴を言うこともあると思います。結論から言いますと、そういうときは「そうだよね、ダルいよね」とだけ答えればいいと思います。

子どもは、自分の気持ちを整理したくて言っているだけです。子どもの言葉を繰り返すなどして、共感してあげてください。家事をしながら、話半分で聞いていていいと思います。

そのとき、気をつけておきたいことがあります。それは、保護者自身の学生時代の成功談を引き合いに出さないこと。「私はこうして乗り越えたよ！」といった、いわば武勇伝ですね。

子どもが聞きたいのは、「学校ってつらいよね」という共感する言葉です。大人が「私も行きたくないとき、あったよ」と言うと、「そうなんだ、自分だけじゃないんだ」と気持ちに整理がついて、学校に行くものです。

いろいろアドバイスをしたくなると思うのですが、最低限にしておきましょう。大人でも、愚痴を言ったときに、やたらとアドバイスされてしまって「話を聞いてもらうだけでよかったんだけど……」ということ、ありますよね。その心理と同じです。

子どもが「学校、ダルい」と愚痴を言って気持ちの整理をするのは、実はとても大事なことで、相手が誰でもいいというわけではありません。一番信頼している人に聞いてほしいものなんです。

だから、子どもがぐちぐち言い始めたら、信頼関係が成り立っていると思って、聞いてあげてほしいと思います。

「学校を休みたい」と言ったら休ませる

もし子どもが「学校を休みたい」と深刻に言ってきたときは、休ませてあげてください。子どもの年齢にかかわらず、保護者の方も仕事を休み、その日は子どもと一緒にいてあげるのがいいと思います。子どもが風邪を引いて学校を休むことになったら、その日は仕事を休んで子どものそばにいるのと同じで、保護者の方もそのほうが安心できると思います。

そして、子どもがひとりで楽しんでいられるようなら、ひとりにしておき、子どもが話をしたそうであれば、聞き手になって耳を傾けてあげてください。

「もう少しがんばってみよう」はNGワード

子どもが学校を休みたいと言うときに、保護者の方からよく出てくるのが「もう少しがんばってみよう」という言葉で、似た言葉に「もう少し様子を見てみよう」があります。

学校を休みたいと言う子どもは、強いストレスを受けています。子どもにとって初めてのことも多いだろうと思います。

「もう少しがんばってみよう」と言われると、子どもはすごく苦しくなります。まわりの人が励ますつもりで言った言葉も、子どもを追い詰めてしまうのです。

数日休むと学校に行きたくなる

1回休んだら、そのままずるずると休んでしまうのではないかと心配になるかもしれませんが、そうなることはほぼありません。まわりが無理に学校に行かせるようなことをしなければ、1日から数日で学校に戻りたくなるはずです。

もちろん、学校を1日休んだことをきっかけに、不登校になるケースもゼロではありません。それは、その子がそれだけ心に傷を負っているということです。傷を負った積み重ねが多いと、休んだことをきっかけにそれまで蓄積していたものが一気に噴出することがあるんですね。けれども、たいていは数日から1週間ほどで心と体が休息できたら学校に通うようになるはずです。

それ以上に休みが続く場合は、まわりが気づかないうちに子どもは深い傷を負っていたということです。保護者の方だけでも結構ですので、フリースクールやメンタルクリニックなどでお子さんの様子をご相談ください。詳しくは3章でお話ししたいと思います。

こまめに休むと深刻な事態になりにくい

うまくガス抜きをさせてあげることが一番です。こまめに休んでいれば、ある日突然体が動かなくなって1年学校に行けない、長く引きこもる、という深刻な事態は起こりづらくなります。

子どもが自分から「学校に行きたくない」と言わないときでも、休ませたほうがいいときがあります。子どもに、「ちょっと休んでみる？」と言ったほうがいいタイミングは、子どもの様子を見ているとなんとなく察知できると思います。

2～3カ月前の様子と比べて、明らかにおかしいと思ったら、「休んでみる？」と言ってあげてください。

判断が難しいときもありますが、親としての直感を信じてみてください。休んだほうがいいのか、休まないほうがいいのかで悩んだら、休ませてみるのがいいと思います。

学校が大事というより、あなたが大事という心持ちで接し、「ときには休んでもいいから、手を抜きながらやればいいよ」と、休み方や力の抜き方を教えてあげてほしいと思います。そうすることで、その後も、子どもはうまく社会とつきあっていけるようになるのではないかと思います。

子どものSOSをキャッチするためにできること

- 代表的なSOSを知っておく
- 子どもに率直に聞いてみる
- 親としての直感を信じる
- 「学校を休みたい」と子どもが言ったら休ませる

第3章　子どもが学校に行かないときにできること

最初に、どんな子でも不登校になる可能性があるということを知っておいてほしいと思います。私は長年不登校の子どもたちと接していますが、クラスの人気者も、勉強ができる子も、運動ができる子も、コミュニケーションスキルが高い子も、子どもの中で何かしらの不具合が重なっていくと不登校につながります。

心療内科医の明橋大二《あけはしだいじ》先生は、不登校は「心がオーバーヒートした状態」だと表現しています。モーターのスイッチが切れるように体が動かなくなる、つまり安全装置が作動している状態なのです。

「不登校」でも、週2、3日学校へ行っている

不登校というとずっと家にいるイメージがあるかと思いますが、実際は週に2、3日は学校へ行っている人もたくさんいます。

というのも、年間30日以上学校を休むと不登校の定義に当てはまるからです。月に換算すると3、4日休むと該当します。

それを踏まえたうえで、文科省の調査を見てみますと、小・中・高校における不登校児童生徒数は年々増加を続け、２０１９年度は23万１３７２人と過去最多を更新しました。[1]内訳としては、小学校が５万３３５０人、中学校が12万７９２２人、高校が５万１００００人となっています。

２０２０年以降の数字はまだ出ていませんが、コロナ禍の影響で、学校に行きづらい子どもが増えており、フリースクールへの相談件数も増加しています。

学校に行きたくない理由は重なり合っている

学校に行きたくない理由は、ひとつではなく、いくつも重なり合っています。不登校になった本人に聞いた文科省の調査によりますと、学校に行きたくない理由が平均３つほどあがっています。[2]
一番多いのが「友人との関係」で53・7パーセント。次が「生活リズムの乱れ」で34・7パーセント。「勉強が分からない」が31・6パーセント、「先生との関係」が26・6パーセントと続きます。

不登校のきっかけ

友人との関係 (いやがらせ、いじめ、けんかなど)	53.7%
生活リズムの乱れ (朝起きられないなど)	34.7%
勉強が分からない (授業がおもしろくない、 成績がよくない、テストがきらいなど)	31.6%
先生との関係 (先生がおこる、注意がうるさい、体罰など)	26.6%
クラブや部活動の友人・先輩との関係 (先輩からのいじめ、他の部員とうまくいかなかったなど)	23.1%

＊「不登校に関する実態調査 平成18年度不登校生徒に関する追跡調査報告書」
不登校のきっかけ・休みはじめた学年・時期 より抜粋

多くの人がいじめや学校内での競争、勉強のストレス、友人関係などが複合的に重なり合って、バーストしてしまうというイメージです。

いじめのピークは小学２年生

学校に行きたくない理由として一番多くあがった「友人との関係」のなかでも、いじめはとくに心配される方が多いと思います。

子どものいる世界は、思っている以上に、過酷です。女子は小４から、男子は中１から、クラスカーストがあると言われています。

文科省の調査によりますと、小・中・高校が認知したいじめはここ最近、低年齢化が進んでいて、２０１９年度のいじめ61万２４９６件のうち、小学校で起きたいじめは約８割にあたる48万４５４５件。[1] 過去５年間で３倍以上に増えています。ちなみに、中学校でのいじめは10万６５２４件、高校は１万８３５２件となっています。

いじめ発生のピークも10年前は中学1年生でしたが、今はなんと小学２年生がピークです。不登校の小学生の人数も２０１６年頃から急増し、この５、６年の間に倍増しました。

いじめは大人から見えにくい

いじめは大人から見えにくいところで進行するものです。ある小学生の子が、いやなあだ名でクラスのみんなから呼ばれ、先生からもそう呼ばれてしまった、というケースがありました。名前の下に「○○菌」とつけて呼んでいたのですが、先生は「YouTuber の『ヒカキン』のようなものだろう」と思い込み、そう呼んでしまったそうです。

また、先日取材した女性は、大学付属の高校に入っていじめを受けたそうですが、偏差値が高い付属高校にせっかく入ったのだからと、3年間通い続けました。

なんとか卒業し大学にも進学しました。しかし、苦しんで学校に通い続けた結果、心がボロボロになってしまい、フラッシュバックも起こり、心療内科でうつ病傾向があると言われたそうです。

ひどいときは夜中に身体が急に震えだして1時間くらい止まらない状態もあったそうです。本人は、大学進学さえできれば環境も変わるだろうと思い、がんばってきたのに「その結果が、これなのかって思うと、やるせない」と話していました。その状態でも、いじめのことはご両親に話していないのです。

さらにはSNSなど大人の見えないところでいじめは広がります。そして、子どもはなかなか大人には話したがりません。私自身、学生時代にいじめがあったということを人に話したのは30歳を過ぎてからですし、親には直接言っていません。

だから、子どもの様子を見て、少しでも何か変だと思ったら気遣ってあげてほしいと思います。具体的なサインとしてはイライラしたり、おどおどしたり、家族に八つ当たりするなど、外に向かって攻撃的になることがあります。また、ご飯を食べられない、部屋に閉じこもりがちになるなど、内側にこもっていく場合もあります。頭痛や腹痛など、体調が悪くなることもあります。

評論家の荻上チキさんが代表理事を務める「ストップいじめ！ナビ」では、次のような「いじめ発見」チェックシートを作っているので、ぜひ参考にしてみてください。[3]

家庭における「いじめ発見」チェックシート

［言動・態度・情緒］

□1．学校へ行きたがらない。「転校したい」や「学校をやめたい」と言い出す。

□ 2．ひとりで登校したり、遠回りして帰ってくるようになる。
□ 3．イライラしたり、おどおどしたりして落ち着きがなくなる。
□ 4．お風呂に入りたがらなかったり、裸になるのを嫌がる。
□ 5．部屋に閉じこもることが多く、ため息をついたり、涙を流したりしている。
□ 6．言葉遣いが乱暴になり、家族に反抗したり八つ当たりをする。
□ 7．学校の様子を聞いても言いたがらない。友だちのことを聞かれると怒りっぽくなる。
□ 8．いじめられている友人の話、友だちや学級の不平・不満を口にするようになる。
□ 9．すぐに謝るようになる。
□ 10．無理に明るく振る舞おうとする。
□ 11．外に出たがらない。
□ 12．電話に敏感になる。友だちからの電話にていねいな口調で応答する。
□ 13．「どうせ自分はだめだ」などの自己否定的な言動が見られ、現実を逃避することや死について関心を持つ。

［服装・身体］

□14．朝、腹痛や頭痛など、身体の具合が悪いと訴える。トイレからなかなか出てこなくなる。

□15．衣服の汚れが見られたり、よくケガをしたりするようになる。

□16．寝付きが悪かったり、眠れなかったりする日が続く。

［持ち物・金品］

□17．学用品や所持品、教科書を紛失したり、落書きされたり、壊されたりする。

□18．家庭から物品やお金を持ち出したり、余分な金品を要求したりする。

［その他］

□19．親しい友だちが家に来なくなり、見かけない子がよく訪ねてくるようになる。

□20．親の学校への出入りを嫌う。

＊本チェックリストは、あくまで一例であり、各項目を確認することにより全てのいじめを発

見できるという性質のものではありません。各ケースについては本チェックリストを参照しつつ、個別の状況を踏まえて検討する必要があります。

このチェックリストは、「沖縄県いじめ対応マニュアル」（沖縄県教育委員会）、「いじめ早期発見のための家庭用チェックリスト」（綾瀬市教育委員会）等を参考に編集したものです。

無理に理由を聞こうとしない

子どもが学校に行きたがらないとき、その理由をなかなか言いません。言葉にならない理由が複数あり、複雑に絡み合っているからです。

たとえば、スマホやゲームがしたいから学校に行かない、と言った場合、それは親を心配させたくないからかもしれません。深刻ないじめがあったと言えば、お母さんお父さんを悲しませるかもしれないし、情けないという気持ちにもなってしまいます。

また、つらい経験を話すと、そのときのことがまざまざと思い出されて、フラッシュバックが起こることがあります。子どもは忘れたいと思っているのに、聞かれて話すことで、忘れられなくなってしまうのです。

理由を聞いても、子どもが言いづらそうにしている。「学校でどんなことがあったのか話せる？」と聞いても、何も答えない。そういうときは、言いづらいんだなと考え、無理に聞こうとしないでほしいと思います。

「なんで学校に行けないの？」はNGワード

「なんで学校に行けないの？」は代表的なNGワードで、子どもを追い詰める言葉です。子どもとしては、説明がしにくかったり、まわりにわかってもらえないかもしれないと思ったりして、言葉に詰まることがあります。そこを問い詰められると、非常に苦しいのです。

そんなに苦しい状況にあるなら、ちゃんと話さないとダメだよと言う人もいるでしょう。「なぜ苦しんでいるのか。それを自分の言葉として説明できるようにしないといけないよ」、私も実際にそう言われたことがありました。

なぜつらかったのかは後でたくさん口にするので、今は子どもの語りにまかせ、問い詰めるようなことはしないでほしいと思います。

詳しく聞き出さなくても想像できる

学校に行きたがらない理由は、子どもから詳しく聞き出さなくても、これまでの言動、状況や背景を考えてあげることで、こういうことで悩んでいるのだろうな、と考えてあげてほしいと思います。

私がよく聞くのは、部活や学校の不満を口にしていたのに、ある日突然、その話をしなくなり、どんどん元気を失っていったというケースです。親は、子どもがその話をしなくなったので解決したのかなと思っていたら、実際にはそうではなく、まったく逆の状況だったというものです。

また、小学校1年生など小さい子は、「先生がこわい」と言うことがあります。子どもがそう言ったら、「どうしてこわいと思ったの？」というように、どんなことがあってこわいと感じたのかを聞いてみるのがいいと思います。

すると、「先生がこわい」という言葉だけでなく、怒鳴るとか、ある子にだけ執拗に怒るといった事実を聞き出せることがあります。

もちろん、小さい子の語彙力ではわかりづらいこともありますが、どんな事実があったのかを少しでも聞き出せたら、「どんなふうにこわかったの？」と、そのときに本人が感じた気持ちを聞いてみてください。

そうやって聞いていくと、「びくっとする」とか、「何も考えられなくなる」とか、「〇〇ちゃんがかわいそうなんだよ」といった言葉が出てくるはずなので、そこから子どもの気持ちの背景を考えていくことができます。

何があったかわかった場合は、事実関係を記録しておくことも大事です。学校を休ませたり、学校と交渉していくときに貴重な資料になります。

つらいまま学校に行くほうが傷は深くなる

理由がはっきりとわからなくても、「学校に行きたくない」と子どもが言ったときは、休ませてあげてください。

保護者からの「ドクターストップ」が遅くなるほど、子どもは人生を通して苦しみます。不登校にはしたくない、という心理が働くかもしれませんが、つらいまま学校に通い続けるほうが、子どもが受ける傷は圧倒的に深くなります。心の傷が深く、とても長い期間、療養を必要とする人もいます。だからこそ、無理に学校に戻そうとせず、まずは休ませてあげてほしいのです。

私は、中学入学当初から、学校になじめなかったのですが、それをうまく言えずにいました。でも、中学2年生のある日、急に感情が爆発して、母の前で「学校に行きたくない」と号泣してしまいました。母はすぐ学校に連絡し、「2週間休ませます」と言ってくれました。そうするとちょうど冬休みになり、1カ月ほど休むことができたので、母の判断は本当にありがたかったです。

『不登校新聞』の仕事をするようになってから、母にどうしてそういう判断をしたのか聞いたことがありますが、母は「記憶にありません」と笑って言うだけでした。別のタイミングで、「なんかつらそうだった」「そもそも学校は合わないと思っていた」と話していたことがあるので、おそらくよほど心配だったのだろうと思います。

子どもの気持ちにつきあう

一方で、子どもはつらそうにしているけれど、がんばって学校へ行こうとすることもあります。あるお父さんがこう言っていました。

「子どもは明らかに苦しんでいるのに、本人は『学校に行きたくない』と言えない。まわりが『行っても行かなくてもいいんだよ』と言っても、やっぱり学校へ行く。親は、つらそうにしているわが子が学校へ行くのを応援していいのだろうか」

こういう場合、保護者は子どもが納得するまで、つきあうしかありません。子どもは心の底から学校へ行きたいわけではないと思います。でも、それはつきあうしかないんですね。親ができることは、苦しんでいる子どもの気持ちにつきあうこと。子どもに向き合うこと。これはとてもつらい時間です。つらいけれど、がんばって学校に行けば、そのつらさがなくなっていくかというと、それはほぼないと思います。もちろん、何かのきっかけで学校へ行きやすくなって、なじむこともあります。でも、つらい状況や原因がなくならない限り、変わらないことが大半です。がんばって学校へ行っても、状況が変わらなければ、いずれ休むことになります。

それでも、「そんな状況じゃ学校へ行ってもつらいだけだよ」「行くのは無理だと思うよ」などと先回りして、子どもの行動を止めてしまうのはよくありません。

数多くの不登校の人たちの話を聞くと、つらいのに学校へ行っているときが一番大変だったとみなさん振り返ります。でも、そこを越え、学校から一時的に距離をとると、必ず心と体が回復する兆しが見えてきます。だから今が一番つらいときだと思って、親は子どもに向き合うしかありません。

ただし、自傷や他害、いじめを受けているなど、明らかに子どもが限界を超えていそうな場合は、保護者の方が「ドクターストップ」をかけてあげてください。毅然とした態度で「あなたが心配だから学校に行かせられません」と言って、しばらく休ませるのがいいと思います。休んでいる間に、精神科医やフリースクールなどに連絡をして、第三者の意見も聞いていただけたらと思います。

不登校は一番苦しい時期を脱したサイン

驚かれる方もいらっしゃるかもしれませんが、学校を休み始めた瞬間から、心の回復が始まります。多くの方がイメージするのは、学校に行かなくなった日から心の状態が悪化していく様子かもしれません。でも、子どもにとっては、学校へ行かないことによって、一番の危機を脱したことになります。

動物は危険を察知すると、本能的にそれを避ける、逃げるという行動に出ます。苦しいのにその場から離れられないというのが一番危険だからです。

学校へ行っている間は、学校から離れたいのに離れられず、一番危険な状態です。だから、学校から距離をとった瞬間から、回復が始まります。

学校に行かなくなってからも、大変な日々は続きますが、心の回復は始まっているのです。

まずは心と体を休ませる

学校を休んだ直後は、眠れなかったり、いら立ちが止まらなかったりと苦しい状態になります。しかし、それは、「膿みを出す」という時期です。不登校になったから苦しいというよりは、学校を休むまでに受けた傷が苦しい、深刻であったということを意味します。

もし学校を休んで寝てばかりいるとしたら、それは極度の緊張で疲れ果てた体を休めているということです。十何時間も眠り続けることもあり、心配になるかもしれませんが、これは安心しているからこそ眠れているのです。

今まで蓋をしていた心の傷が一気に開くので、子どもの意図とは関係なく、朝は全然起きられない、だるいといったさまざまな症状が出ます。心の回復期は、子どもの体調を優先して、無理に生活リズムを立て直そうとせず、できるだけ、子どものペースを尊重してあげてほしいと思います。

感情を噴出させる時期に入る

次に感情の噴出という時期に入ります。ものすごく甘える、突如として怒り出す、突然泣き出す。こんなふうに感情のコントロールができない状況になります。

まわりからすると心配になるのが、甘える、泣き出すといった行為です。小学校高学年でも、まるで赤ちゃん返りしたかのように甘える人もいます。フラッシュバックが起きたように泣くこともあり、コントロールできません。小学校6年生の男の子が、「自分でもイヤイヤ期みたいだったと思う」とこの時期について話すのを聞いたことがあります。

こんなふうに感情が噴出しているときは、そばにいて、子どもの揺れる感情につきあうしかありません。とても大変ですが、子どもの苦しんでいる気持ちにつきあうことで、愛情がしみていき、心の傷が癒されていきます。

自分に起きたことを言語化する

その次にようやく、自分に起きたことを言語化する時期がきます。最初は、インターネットで見た話だったり、以前に自分に起きたことだったり、まったく脈絡のない話をします。

たとえば、幼い頃に、スーパーでほんのちょっとはぐれたという話を、「あのとき僕は置いていかれた」と言って急に泣き出すようなこともあります。そうしてたくさん話をしたあとに、学校で起きたことを話すようになります。

その話は、とても長くて回りくどいかもしれませんが、最後まで聞くしかありません。子どもはアドバイスがほしくて話しているのではなく、ただ気持ちの整理をしたいだけなんです。

言語化が終わると親離れする

言語化の時期が終わると突然、親離れ、支援者離れします。親から離れるのをいやがっていた小学生ぐらいの子も、友だちと過ごす時間を優先するようになります。

この回復のプロセスは、必ずしもスムーズに移行するわけではなく、いったりきたりします。もちろん個人によって違いますが、こういった心理状態のプロセスを経るということが、臨床的にもわかっているそうです。

実際に、多くの経験者から話を聞いてみても、だいたい似たような経過をたどります。これは不登校だからではなく、ＰＴＳＤ（心の傷）において起こるものです。

このプロセスは、赤ちゃんから思春期を経て大人になっていく過程にも似ています。学校で受けた傷を、多くの人は、学びや成長の糧のひとつにしている、とも言えると思います。

気持ちの整理がつくのに数年かかった

私の場合は、気持ちの整理がつくのに数年かかりました。最初の1年は、非常に感情の起伏が激しかったように思います。その後、フリースクールの友だちやスタッフといろいろなことを話していくうちに、少しずつ気持ちの整理がつきました。

気持ちの整理がつくというのは、学校や不登校、いじめといった言葉を聞いても、心にさざ波が立たなくなるということです。自分と他人を比較しなくなる、焦らなくなる、学校に行っていないことに罪悪感を持たなくなる、とも言えます。

このときは「自分はこんなことで悩んでいたんだ」「これが苦しかったんだ」「自分がやりたかったことはこれだったんだ」といった論理的な考えにはまだ至っていません。

渦中にいるときは、「学校なんて許せない」「いつかぶっ壊してやる」と思ったこともありました。その一方で、自分が学校に行って苦しむ夢を見続けたりもしました。精神的に苦しいときには、そういうことが起きるのですが、まわりの人たちに支えられ、認められるなかで徐々に穏やかになっていきます。

当時の私の言葉だと「今すぐ死のうとは思わなくなった」となります。その頃の私は、「自分なんてもうどうでもいいんだ」と思っていたので、いつ死んでもいいと思っていました。それが、「今死ななくてもいいな」と思えるようになりました。心が回復して、自分と折り合いがつけられるまでに、3年は要したと思います。

その間、私は学校には行きませんでしたが、学校に行く人もいます。学校に行くかどうかはゴールではないことも覚えておいてほしいと思います。

時間が長くかかったとしても、肝心なのは心の傷が癒えるかどうかです。段階を踏みながら、本人が気持ちの整理をつけて、成長していくということなのです。

子どもが言われてうれしい2つの言葉

不登校の子どもたちが、親やまわりの人から言われてうれしかった言葉としてよくあげるのは「好きにしていいよ」です。ゲームでも動画でも、好きなことに没頭する時間を持たせてくれた、そんなふうに当時を振り返る子がたくさんいます。

もうひとつは「ありがとう」です。不登校をしていた女の子はある日、ご飯を炊いておいたら、親から「助かったよ。ありがとう」と言われたそうです。そのひと言を聞いて、彼女は「家族の一員なんだと思えた。存在してもいいんだと思った」のだそうです。

親からすれば、まさか子どもがそんなことを考えているとは思わないだろうと思います。でも、子どもは心のなかで「学校へ行っていないことで、家族みんなに迷惑をかけている」「自分はみんなからサポートされる立場なんだ」と考えています。「自分はここにいたらいけない存在なのかもしれない」「私がいると迷惑なのかな」。そんなふうに思ってしまうわけです。

だから、子どもが何かしてくれたときに、まわりの人が感謝の気持ちをきちんと言葉で伝えることは、とてもいいことだと言われています。

ただし、そのために、子どもに用事を押しつけるのはNGです。無理に用事を作るのではなく、日常生活の中でそういった場面があったときには、ぜひ「ありがとう」と口に出してあげてください。

そして、繰り返しになりますが、こうした言葉よりもさらに大事なのは、子どもの声に耳を傾けることです。当事者からより多く聞くのは、言われてうれしかった言葉よりも、やはり「聞いてもらって気持ちが救われた」という声です。

一方で、親やまわりの人に言われて悲しかった言葉、つらかった言葉は、うれしかった言葉の反対側にある言葉です。一方的にまくしたてたり、罵声を浴びせたり、叱りつけたり、行動を厳しく制限したりするのも、子どもを苦しませてしまいます。

コラム　先生や友だちが訪ねてきたときはどうする？

子どもが学校に行っていない期間に、先生や友だちが訪ねてきたときは、まず子ども自身に、会いたいのかどうかを聞いてください。

このとき、「先生が来たけど、どうする？」「……」というように、返事をしないことがよくあります。その無言が意味するのは「ノー」だと思ってください。会いたくないけれど、来てくれた相手に申し訳なくて「いやだ」とは言いづらいから黙る、という傾向があります。

もし、子どもが会いたいと言えば、訪ねてきた方を家にあげ、無言だったら、「ちょっと寝ているみたいだから」などと断ってあげましょう。できれば子どもの意向を前もって聞いておくのが一番いいと思います。

学校を休むようになった直後は、心身を休めている時期です。会いたくない人が来たら、休んでもいられません。そうすると、どんどん回復が遅くなってしまいます。もし保護者の方が話したい相手でしたら、家の外で会ってあげてください。

子どもがいやがっているのは、先生や友だちからのコンタクトとは限りません。たとえば、お父さんが「学校へ行け」と説教をしてしまう場合は、お父さんと子どもの距離をとるようにしてあげてください。

関係性にもよりますが、学校へ行っていないことをお父さんが許せていないときは、可能な限り、顔をあわせないようにするほうがいいと思います。お父さんの姿を見るだけで子どもが罪悪感を感じることがあります。これは、一生というわけではなく、とにかく今だけは、ということです。

苦しいときにきちんと離れておくと、関係がこじれず、時間が経てばうまくいくと思います。

子どもとは距離を置くけれど、子どもの力になりたい、子どもを支えたいと思っている方も多いと思います。そういうときは、今子どもと密に接している方のバックアップに徹してください。

たとえばお母さんが子どもと密に接していれば、お父さんはお母さんの聞き手になってあげてください。子どもと距離を置いていても、周囲の人をバックアップすることで、子どもへの愛情はきちんと伝わります。

子どもと密につながっている人の話を聞くのはとても大切です。一番つらいのは子どもですが、日々子どもに寄り添い、子どもの話に耳を傾けている大人も消耗しています。ぜひ聞き手になってあげてください。

勉強はいつでもできると開き直る

子どもが学校へ行かなくなると、勉強の遅れが気になる方も多いと思います。ずっと不登校を取材してきた立場から言いますと、いったん勉強は置いておいてほしいと思います。繰り返しになってしまいますが、まずは、休息をとること。つらいままだと、結局何も進みません。

親が開き直らないと子どもも開き直れません。たとえば、「今は勉強に集中できる状況ではないから勉強はいったん置いておこう」と親が思ってくれたら、子どもはプレッシャーをそれほど感じなくなります。

私自身もそうだったのですが、ずっと学校の勉強をしていなくても、ある日自分で「これは必要だな」「この学校へ行きたい」と思うと勉強を始めます。やろうと思ってからでも十分間に合います。

そして、勉強の遅れを取り戻すためには、「自分が受けてきた傷や苦しさがケアされていること」が前提条件となります。心も体も休息できていれば、勉強の仕方次第で遅れは取り戻せます。

学校側は、「登校しなければ、進級できない」などと言う場合もあります。そうして圧力をかければ子どもはやるものと思っているところがあるのかもしれません。それで奮起する子もいるかもしれません。だけど、それはずるいやり方だと私は思うのです。

子どもがまだ見たことがない「未来」や「将来」をまるで人質のようにちらつかせて脅すなんて大人のやることではありません。

取材した棋士の羽生善治《はぶよしはる》さんも「いつ始めても、いつやめてもいい。学びとはそういうものではないかと思います」とおっしゃっていました。学びって、自分が学びたいと思っていないとできないと思います。

学校へ行かなくなったとしても、保護者が学習のサポートをするための時間を無理に割かなくてもかまいません。親と先生、両方の役割は担えないからです。学習面は、子どもにやる気が出たときに、塾やＡＩ教材、ドリルなどを活用するほうが早いと思います。

やる気があれば効果は出る

家で勉強するホームスクールという道を選んだ場合に、活用を検討していただきたいのが、ＡＩアプリです。

ＡＩの教材は無学年式、つまり「小学校1年生はこの単元」というくくりがないものがほとんどです。人によってできることとできないことがあるという考えに基づいていて、個人個人に合わせた課題で学べるのです。ＡＩを使って、できるところからやっていくことが可能です。

よく知られている教材としては「スタディサプリ」と「すらら」の2つがあります。教材に関しては、本人のやる気さえあれば、どのアプリでも学習効果は出ると思います。どのアプリを使うかよりも、本人がやる気になれるかどうかが肝心です。

最近ではYouTubeを教材として活用する人も増えてきました。高等学校卒業程度認定試験（旧大検）を受けるために、YouTubeで勉強したという人を何人も知っています。この試験に合格すれば、高校を卒業していなくても、高校卒業と同程度の資格が認められ、大学・短大・専門学校の受験資格を得られます。

YouTubeに関しても、どのYouTuberがよいというのは、あまりありません。大事なのは子どものやる気です。おそらく子どもにやる気があれば、子ども自身が優れた動画を見つけてくるでしょう。

また、コロナ禍の休校期間にリモート授業の重要性が認知されました。いじめがあって学校に来られない子や教室に入りづらい子も、オンラインで授業を受けられました。

平日にディズニーランドに行きたいから、土曜にリモートで勉強を終わらせる、という選択肢も近い将来できるかもしれません。そんな可能性を今だからこそ検討できると思いますし、選択肢を用意するという意味でも重要だと思います。

コラム　インターネットはルールを決める

学校を休んでいる間、インターネットを使える子は、ずっと使いっぱなしになることが少なくありません。

直接できる対策としては、年齢に応じたフィルタリングをするくらいかと思います。それよりも大事なのは、不登校に限らず、家庭でインターネットを使うときのルールを決めることです。

その際にポイントが２つあります。ひとつは、子ども自身が発案したルールをベースに考えることです。保護者の方がルールを押しつけても、子どもは守りません。子どもが発案したルールをどう実践できるかをサポートしてあげてください。

もうひとつは、保護者の方の思いをはっきりと伝えることです。インターネットは公共の場であること、他人も自分も傷つけるような使い方はしてはいけないということを、暗黙の了解にしないで、はっきり言葉で伝えてあげてください。

こうしてルールを決めておけば、多くの子どもは、何回かはルールを破ってみたり、失敗したりするかもしれませんが、納得すると思います。

学校との向き合い方を決める

学校は、担任の先生が変わるごとに、対応が変わってしまい、親や子どもが振り回されてしまうことも多いと思います。先生にとっては、40人ほどの生徒のうちのひとりです。保護者の方のほうが絶対に子どものことを考えていますので、子どもにとっていい方法や環境を整えてあげてほしいと思います。

「わが家ではこうしよう」と、学校との向き合い方を決めるのも大切です。「週2日だけ学校に行く」でもいいんです。塾やAIアプリ、YouTubeもありますし、勉強の遅れはいくらでも取り戻せます。

子どもの学ぶ力はとても強い

学校をどうするかも、子どもの意思に沿って考えてあげてほしいと思います。

ここで保護者の方に気づいてほしいのは、自分の本当の気持ちです。子どもの意思を尊重しようとする一方で、なんだかんだ言っても、学力の高い学校に通ってほしいと思ってはいないでしょうか。

また不登校になった時点で急に、「受験だけが人生じゃないよ」と言ったとしても、これまでずっと勉強しろと言ってきたのはどういうことなの？　と子どもは思います。いきなり意見を変えても、それで子どもの気持ちはすぐに整理がつきません。

子どもの学ぶ力はとても強いです。あとになって振り返ると、子どもの頃に学ぶことや知ることがおもしろかったのは、自分自身の学ぶ力が強かったからです。

だから、「この子は学ぶ力があるからどこに行っても大丈夫。これからたくさん学んでいける」と、自信を持ってください。そうしたら、子ども自身は、自分に合った選択肢を選びとれると思います。

フリースクールという選択肢もある

学校に通うということ自体が難しいようでしたら、フリースクールも、ひとつの選択肢と考えていいと思います。一緒に考えてくれる人に出会うことは、とても大切です。

文科省の調査によりますと、フリースクールは現在、全国で500カ所ほどあるといわれています。[4] 2015年時点で1団体につき平均して13・2人が在籍しています。13・2人に対し、スタッフの数は2・8人。規模が大きいところもあれば、こぢんまりしたところもあります。

各学校の判断によるのですが、現在フリースクールに通っている子の半数は、出席扱いになっています。通いたいフリースクールに出席扱いの現状を聞くのもいいと思います。

フリースクールの情報については、インターネットで検索するのが一番手軽だと思います。

フリースクール以外の選択肢としては、小学生の場合、児童館や図書館があります。中学生だと公的な場所として教育支援センターがあります。また、小・中学生のなかには、塾を居場所にする子もいます。高校生は、通信制の高校や海外留学を視野に入れるのもいいと思います。

子どもの意思を大切にする

最近、教育の「個別最適化」という言葉が聞かれるようになりました。その子に合った環境を整えることで、子どもは伸びていく、という考えです。

私が思う個別最適化とは、本人の意思を大切にすることです。もちろん、いつもうまくいくわけではなく難航することもあるでしょう。でも、それが人生ですよね。

自分が選んだ環境に身を置くことで、子どもはおのずと最適なルートを歩んでいくと思います。自分に合った環境は、自分で選ぶということが大事ですし、それしか道はないと思います。

コラム　フリースクールでは何をするの？

私が通っていたフリースクールは日本で一番大きく、その当時、首都圏に通う場が3カ所ありました。6歳から20歳まで、合わせて200人ほどの子どもが在籍していたので、1カ所に60〜70人ほどいたのではないかと思います。

私は、たまたま本屋でフリースクールの本を見つけ、学校に行かない人は、皆フリースクールに行くものだ、と勘違いしていました。

フリースクールに行き始めたのは、中学2年生の3学期からだったと思います。母は最初、私がフリースクールに行くことに乗り気ではありませんでしたが、「応援する」とは言ってくれました。

最初は天地がひっくり返ったのかと思うくらい驚きました。どこのフリースクールもそうだと思いますが、子どもの意思を尊重してくれる場所だったからです。

フリースクールには、「あなたが世の中で一番大事な存在で、あなた自身の意思で学びたいことを学んでいくんだよ。あなたの人生を歩んでいくんだよ」という文化がありました。

ここで新しく人生を始められる。そういう感動がありました。

フリースクールには英国数理社の教科学習を行う時間がありますが、参加は自由です。私は、在籍中の6年間で教科学習を受けたことはほとんどありません（笑）。

また私の通っていたフリースクールでは体験学習ともいわれる講座も多く組まれました。多くは子どもがやりたいこと、学んでみたいことを講座にして、希望者が参加します。危険さえなければ、子どもが思いついた講座にトライさせてくれました。

私はその頃から企画を通して、人を集めるのが好きでした。雑談をしながら、「今度、こんなことをしてみない？」と話す。それがすごく楽しかったんです。

たとえば、私がやってみたかったことのひとつに「棒倒し散歩」がありました。棒を倒して、倒れた方向に進んでいくというもので、新宿からスタートして、棒を倒し続け、4時間くらいかけて中野に到着したなんてこともありました。

ねぷた祭りでおなじみのねぷたを作ったこともあります。それも私が言い出したことで、参加者は20名くらい。みんなで貸し切りバスに乗って弘前まで行き、お寺に1週間ほど泊まらせてもらい、ねぷたを作りました。不登校の子どもたちが押し寄せてねぷたを作ったものだから、地元のメディアでも紹介されたほどです。

フリースクールでは、本当にいろいろなことを学びました。子どもの好奇心や興味から始まるもののなかには、何の足しにもならないこともあります。棒倒しなんて、まさにそうです。なんにもならないこともたくさんあるけれど、何かにつながることもあります。

親が子どもに勉強ばかりさせなくても、子どもは自分でちゃんと学ぶというのもこのあたりにヒントがあります。

親がコントロールしなくても大丈夫。それは、自分の経験からも痛感しています。

コラム　フリースクールはいくらかかるの？

文科省の調査によりますと、フリースクールでは平均して3万3000円の月謝がかかります。[4] 加えて、入会金や交通費がかかります。私の場合でいえば、交通費で月2万円ほどかかりました。ごく一部の自治体で奨学金制度があるものの、フリースクールを利用するほとんどの家庭は費用をすべて負担しています。

一方、フリースクール全国ネットワークの調査によれば、フリースクールの常勤有給スタッフの年間給与は300万円以下と回答した団体が85パーセントを占めていました。[5] みなさん薄給で、フリースクールを運営しているのが実情です。

フリースクールでは、困窮世帯に対して会費を下げるなどの減額制度を設けているところもあります。しかし、国からの補助金制度はありません。つまりフリースクールも自腹を切りながら、困窮世帯に対応しているのです。

コラム　教育機会確保法で何が変わったの？

不登校の子どもたちの教育の機会を確保する法案として2017年に施行されたのが、教育機会確保法です。

この法律では不登校の子どもの休養の必要性を認めつつ、フリースクールやホームスクールなど、一人ひとりの状況に合った多様な学び方や育ち方を支援する重要性を謳っています。

教育機会確保法が施行されたことで、大きく変わった点は2つあります。ひとつは、フリースクールの認知度が上がり、不登校の子どもたちが通う場所として認識されるようになったことです。

もうひとつは、不登校の子への支援は、従来のような学校復帰を目的とせず、個々人が進路を主体的に考え、社会的に自立することを目指す方向に転換したことです。

子どもの社会性は家庭で育つ

不登校の現場では、子どもの社会性を心配される方もいらっしゃいます。家で好き勝手に過ごして、話す相手は親だけ。これでは社会性が育たないんじゃないか。そう悩まれる方が多いんですね。

学校や塾に行って、集団の中に身を置けば社会性が育つと思われがちです。でも、社会性の基盤は親子関係にあると思います。

親子の間で話をしたり、信頼関係を構築したり。人というのは親子関係で培ったものをベースに家庭の外で振る舞うので、「社会性は家庭の中で十分に育つ」というのが、不登校の現場での見解です。

これは、小学校中学年のお子さんのお母さんに聞いた話です。お子さんは、図書館や児童館に行くことが多かったので、お母さんは「うちの子は不登校なので、こちらにおじゃまするることがあると思います。何かあればご連絡ください」と事情を説明しに行ったのだそうです。すると、図書館の方から「お子さんから聞いていますよ」と言われたというんですね。

「今の学校教育が合わないのでホームスクールというのをしています」。そう説明していたそうです。

子どもが家の中で親に見せる顔と、外で見せる顔はけっこう違います。彼のケースは、家庭の中で社会性が育っているとてもいい例だと思います。

お母さんは、ひとりの小さな大人として彼を信頼し、日中の行動を彼にまかせています。まかされた子どもには責任感が生まれ、活動的になっていきます。

逆に、「お兄ちゃんはもっとがんばっていたよ」などと、きょうだいや友だちと比べるような視点からものを言われてしまうと、社会に出たときも自分と他者を比べて苦しくなってしまうと思います。

社会性の原点は、親子関係にある。そう言っていいと思います。

コラム　留守番をするときはルールを決める

子どもが留守番をする場合、こういうシチュエーションでは、こう対応するということを事前に決めておくといいと思います。

一番大事なのは、子どもが不安に思ったり、困ったりしないようにしておくことです。たとえば、突然の来客があったときは、必ず親に連絡をするというルールを作り、電話をかける練習をしてみる。

また、「こういうときはどうする?」と尋ねてみて、子どもがどう対応するかを聞くだけでも、子どもにとってはシチュエーションの想定ができ、とてもいい学びになります。

実際に子どもに聞くとわかると思うのですが、子どもは子どもなりに考えています。子どもの意見を聞いてみて、承認できる案だったらほめて採用する。やや現実離れしているようなら、軌道修正してあげる。このように子どもの自主性を尊重しつつルールを作るほうが、子どももうまく行動できるようになります。

逆に親が一方的にルールを決めると、子どもがそのルールを全然守ってくれないという事態に陥ることがあります。

また、子どもがよく顔を出すようなところがあるようでしたら、保護者の方から一度、先方に事情を伝えておくと、安心材料のひとつになるのではと思います。

ひとりで家にいることを楽しめる子もいます。そういう子は、料理をしたり、掃除をしたり、めきめきと生活力を上げていきます。

コラム　昼夜逆転を直すのは難しくない

苦しいことがあると、生活リズムが崩れることがあります。たとえば、学校のチャイムが聞こえたり、道ばたで制服姿の子たちが笑っているのを見たりすると、学校を連想してつらい気持ちになります。それを「しみてくる」と表現した人もいました。

不登校だった頃、私は時計の音がダメになりました。時計を見ると「今頃みんなは英語の授業をやっているな」「数学の授業をしているな」と考えてしまう。そうすると自分が世界から取り残されたような気持ちになるんですね。

昼間は学校を連想させられることが多いので、これを回避するために昼夜を逆転させる子もいます。みんなが寝静まっているときに起きて、時間を過ごしていると、とても安心するんですね。

また、不安があると眠れなくなり、不眠から昼夜逆転が起こることも多くなります。

私も昼夜逆転の時期が長くありました。けれども、「学校へ行かなくても自分は大丈夫だ」と安心できるようになったり、傷ついた心が回復して次にやりたいことが見えてきたりすると、生活リズムは次第に戻っていきます。

「早寝早起き」という言葉がありますが、早寝をしようと思っても簡単にはいきません。明日は朝が早いから早く寝たいのに、結局いつもの時間まで寝付けない、なんてことがないでしょうか。でも、早起きはできます。これは気合いです。

早起きを続けると、自然と夜早く寝られるようになります。日中に用事があるときは、数日前から早起きするようにすれば大丈夫。昼夜逆転を直すのは難しくありません。

ひとりで抱え込まないことが大事

「学校に行きたくない」など、子どもからのＳＯＳを受けとったとき、親御さん自身もひとりで抱え込まないでください。

子どもが学校へ行かなくなると、「育て方が悪かったのだろうか」など自分を責める方がいます。あるいは、「パートナーが子育てに協力してくれないからこうなったんだ」とか「学校が悪い」など、被害者意識が芽生える方もいます。誰もがどうしたって冷静ではいられなくなるわけです。

だから、ひとりで抱え込まないでください。スクールカウンセラーや、医療の側面からは小児科医や精神科医にもご相談ください。

また、ほとんどのフリースクールは無料で電話相談に応じています。フリースクールに通う子どもの保護者たちが集まる会に足を運んでみるのもいいと思います。フリースクールに子どもが通っていない人もいますし、祖父母が参加していることもあります。今は、オンラインの親の会もあります。

不登校の話は、学校に通っている子のママ友には相談しづらいし、なかなかわかってもらえませんよね。フリースクールに相談をしたからといって、強く勧誘されることもないので、まずは気兼ねなく連絡してみてください。

また学校に相談するときは、今通っている学校ではなく、小学生なら中学校のスクールカウンセラーをおすすめします。中学生なら、通信制の高校をはじめ不登校の子どもを受け入れている高校に相談してみるのがいいと思います。

いじめや不登校があると担任の先生に解決してほしいと思うのがふつうです。ところが、担任の先生と親御さんでは、そもそも視点が違いますし、意見が合わなくて当然です。もちろん、なかには力になってくれる担任の先生もいますので、その場合は別です。保健室の先生が力になってくれることもあります。

苦しさを察してくれた人に相談する

では、これまであげた選択肢の中から、何を基準に選ぶのがいいかといいますと、相談に行ったとき、親や子どもの苦しさを「それとなく察してくれた」と感じたかどうかです。

児童精神科医の高岡健《たかおかけん》さんも、「苦しかった自分の気持ちをなんとなくわかってくれる。そういう人に相談したほうがいい」と言っています。

強い言葉を言う人を信じたほうがいいのか、優しい言葉を言う人を信じたほうがいいのか迷うときも「親や子どもの苦しさをそれとなくわかってくれる人に相談する」を基準にすれば、うまくいきます。

そして、相談に行く際、初回から「絶対に子どもを連れてきてください」と言うようなところは、候補から除外していいと思います。なぜならそういうところは、子どものことを考えていないことが想像できるからです。

夫婦の足並みが揃わなくても大丈夫

夫婦で子どもの不登校について話し合うときは、子どもがいる家の中ではなく、外で話してほしいと思います。話し合いをしていると言い合いや夫婦げんかに発展する場合があるかもしれません。

親自身は大したけんかだとは思っていなくても、子どもからすると親がけんかをしていること自体つらいものです。怒りの感情に対して敏感になっている子も多いので、話し合いは、子どもがいないところでしてあげてください。車の中で話し合いをしたという人もいますが、それもいい案だと思います。

子どもの気持ちに寄り添えるよう夫婦の足並みが揃えば、それが一番です。けれども、足並みが揃わなくても大丈夫。父親でも母親でも、祖父母や伯父・伯母でも、頼れる大人がひとりいれば、子どもはちゃんと育っていきます。

子どもが学校に行かないときにできること

- まずは心と体を休ませる
- 勉強はいつでもできると開き直る
- 子どもが学びたいところで学ばせる

対談

子どもを信頼して、見守っていく

東京大学名誉教授
汐見稔幸

石井志昂

汐見稔幸

（しおみ・としゆき）

1947年、大阪府生まれ。東京大学教育学部卒、同大学院博士課程修了。東京大学名誉教授、日本保育学会会長、白梅学園大学名誉学長。専門は教育学、保育学、育児学。保育者による本音の交流雑誌『エデュカーレ』編集長ほか、21世紀型の身の丈に合った生き方を探るエコビレッジ「ぐうたら村」村長など幅広く活躍する。著書に『「天才」は学校で育たない』など多数ある。

石井　汐見先生と直接お話しさせていただくのは、20年ぶりです。私が不登校新聞社に入社してすぐの19歳のときに取材させていただきました。仕事の仕方をよくわかっていなくて、前日に徹夜をしてしまったせいで、取材中に寝てしまったんです。

汐見　ハハハハハ。

石井　録音したお話をあとで聞くと、「人にはそれぞれの育ち方がある」という、あたたかい言葉をいただいておりました（笑）。

お会いするのはそれ以来になるわけですが、汐見先生も高校時代に学校について悩まれていたと伺いました。そのときのお話を聞かせていただけますか。

汐見　僕は大阪の堺市で生まれ育って、中学生になるまで親子5人が6畳一間で暮らしていました。中学では、友だちと2人で「化学の実験をやろうぜ」と言って、彼の家の屋根裏部屋みたいな部屋を改造して、学校が終わると毎晩8時くらいまで裸電球の下で実験もどきをやっていました。

石井　へえ！

汐見　自分たちでは買えない実験の道具や薬品は、学校の理科室から少しばかり平行移動させてもらって（笑）。

石井　ハハハハハハ。

汐見　道具が揃うと、古本屋で「化学の実験」と書いてある高校の先生用の本を何冊か買ってきてね。「今日は石けんを作ろうぜ」とか言って、ときどき失敗してボカーンと爆発させる（笑）。

石井　爆発させたんですか（笑）。

汐見　そうすると「あいつらなんかやってるぞ」と大人が飛んでくるのだけど、とにかくそんな毎日が、僕にとっての中学校生活だったんです。

高校で言葉にならない違和感を感じた

汐見　そういう人間が、隣の学区の進学校に行くことになった。高校が始まってしばらくしたら、これはえらいところへ来たぜと思ったわけ。

石井　どうしてですか？

汐見　なぜかというと、まわりには休み時間にもカリカリと問題集を解いているような人がいっぱいいいるわけですよ。ええええええ？　って。

石井　別世界だったと。

汐見　そう。漠然とだけれど、僕は高校というのはおもしろい人たちと出会って、そこでワイワイ議論しながら、自分がこれから何をしていったらいいかを探せる場所じゃないかと思っていたの。

石井　ところが、そんな雰囲気ではなかった。

汐見　しかもね、小学生から進学校へ進むコースを歩んできた人もたくさんいる。今で言うと小さい頃からお受験をやっていたような人たちというのかな。ひたすら遊びほうけて、好きなことをやっていた僕がその文化の中に入っていくことで、言葉にならないような違和感を感じたわけです。

勉強する意欲がなくなった

汐見　高1の6月頃にはえらいところに来てしまったという違和感と、これからどう生きていくかというところで悩み始め、学校の勉強をやる意欲をなくしちゃったんですね。

石井　そうでしたか。

汐見　ときどき小学校のときの悪ガキ仲間に会うと、ほとんど全員が中学を出て就職していました。働きたいところで働いているわけでなく、給料も高くない。一方、自分は今すぐ働かなくてもいい状況にいて、この先、おそらく職業を選ぶこともできる。人間の平等というのはいったい何なんだろうという問いが僕の中に生まれてね。

石井　ああ。

汐見　それで宿題も予習も復習もやらないで、ただ漠然と考え始めたわけです。

石井　高1の6月から?

汐見　そうです。あとから友だちに聞いたら、「おまえは1年間、一度も笑わなかった」と。学校の成績はずーっときれいな直線で下がっていくのだけど、まったく関心がなかった。

高3のときに、このままでは学校に行く意味がないと思ってね。僕はこういう高校を目指していたのではない、だったら高校を変えようと思い立ち、生徒会をやりました。誰もやらないですよ、進学校の高3で生徒会なんて。それで校長室に行って、「こんな高校でいいんですか」なんてやってたよ。

石井　ハハハ。

汐見　なので、僕の場合は、学校の文化になじめなかったことがまずひとつ。それから、学校ってこんなところじゃないだろっていうことを、表現しようとしてたというのかな。そういう体験でした。

石井　その後、大学に進まれたわけですけど、また勉強をしたいと思われたきっかけはあったのでしょうか。

汐見　僕は少年時代に人工衛星や宇宙にすごく興味を持って、ロケット開発をやりたいという気持ちがあったんです。当時、東大には糸川英夫《いとかわひでお》さんという有名なロケット博士がいました。よし、それなら東大でロケットについて学ぼうと思い、高3の10月から勉強を始めたんです。

石井　遅いスタートですねえ（笑）。

汐見　それで東大を受験したわけだけど、やっぱりダメで、1年浪人して、大学に行きました。

親は子どもを子ども扱いしてしまう

石井　子育てについても伺いたいと思うのですが、子どもと接するときに、こんなことを心に留めておくといいよというのはありますか。

汐見　僕自身の反省を含めてですけどね、やっぱり親は子どもを子ども扱いしてしまうところがあるんですよ。

石井　よくそう聞きます。

汐見　親の言うことを聞いていれば間違いないんだ、というような気持ちが、やっぱりどこかにあるわけ。それは僕にもあったと思う。

石井　そうでしたか。

汐見　子どもは親の言うことを聞いたふりをして、心のなかでは「ちょっと違うんだけどなあ」なんて思っていると思うのだけど。

石井　あるあるですね（笑）。

汐見　子ども自身はあっちに行ってみたいと思っているのに、親がこっちがいいと言うから「従うしかないか……」と子どもが思っているとしたら、その気持ちを子どもにちゃんと表現させてあげただろうかという反省があります。

おもしろいものに出合わせるのが親の仕事

汐見　子どもの人生は子どもが決めるもの、親は一切レールを敷かないぞ、ということは決めていました。

僕の親父は小学校を出て、録音技師になるといって、レコード会社に勤め、自分の好きなことをやった人です。好きなことを一生懸命やることは大事だという思いは僕にもありました。親が勝手に決めたレールを歩ませるようなことは一切したくない。そのかわりにどんどん好きなことをやれ。そう思っていました。

石井　はい。

汐見　子どもたちをいろいろなところへ連れて行く。子どもがおもしろいと思うことに出合わせてやる。そういったことが親の仕事だと思っています。

石井　なるほど。

汐見　戦後50年を迎えた1995年には、子どもたちと一緒に沖縄へ行きました。友人がタイに転勤になったときは、しめた！　と思って、10日間ほど学校を休ませ、子どもたち3人を連れてタイへ行ってね。友人の家でお世話になりながら、実際にタイを体験してくるわけです。

石井　うんうん！

汐見　僕たちが行ったタイの町は、車だらけで渋滞していて、1分間に50メートルくらいしか進まないところだったけれど、ひたすら活気がある。子どもはやっぱりそれを感じ取るしね。

石井　わかります。

汐見　友人が言うにはゴルフに行くと、キャディをやっているのは現地の子どもなんだって。

石井　えええ。

汐見　友人の子は、自分と同じような年の子どもがキャディをしているのに、自分が何も持たないでいるのがいやだと言ってね。一緒に行きたくない。そう言ったのだそうです。

国が違うと、子どもの扱いも違うというのかな。僕の子どもたちも異国でそういうことを如実に見せつけられて、いろいろなことを感じただろうと思うのね。いろいろな体験、とくに世界を見せてやるような体験は、今の子どもたちにも大事だと思います。

できるだけ子どもを自然の中に連れだしした

汐見　1980年代の前半、僕たち家族は団地で暮らしていたのだけど、当時3歳だった真ん中の子が、「お父ちゃん、庭って何？」と聞いてきたことがありました。

これからは自然と人間の共生が大事なテーマになっていくのに、子どもたちは自然というものを豊かに体験することができないのか。それに気づいて、僕はできるだけ子どもたちを自然の中に連れだそうと、海へ行き、山へ行き、ついには八ヶ岳の麓《ふもと》に総借金の家を作った。

石井　総借金ですか（笑）。

汐見　土日はその総借金の家へ行く。そのうち子どもたちが友だちも連れて行きたいと言ってね。そうすると木登りやチャンバラごっこを始めたり、キノコとりやマス釣りもする。昆虫採集もする。自然の中で生活することのおもしろさを会得していくんですよ、現在の子どもでも。

石井　楽しそうですね。

汐見　子どもにいろいろな体験をさせることは、やっぱりこれからの時代も大事だと思います。そういう意味でも、テストの点数や偏差値で人生を決める時代ではない。自分が本当にしたいことを探すのが、人生だと思うんです。

石井　確かに。

汐見　若い頃にこれだと決めても、年をとったらまた別のことをしたくなる。そう思うのも当たり前じゃないですか。若い頃に決めたことを一生やるというのも、ひとつのすてきな生き方です。けれど、方向転換したくなるときだってある。

そのためにも、子どもがこんなにおもしろいことがある、こんなことが好きなんだというものを見つけていくということを応援する。それが親の大事な務めかなと思っています。

子どもが意見を言うことをおもしろがる

汐見　子どもが小さいときに、「どうしてそう思う?」「それはおもしろいなあ」と言って、子どもが意見を言うことをもっとおもしろがればよかった、という反省もあります。

石井　どうしてですか。

汐見　それによって、子どもは「自分は大事にされているんだ」と感じることができる。その感覚を育てるべきだったなと。

石井　それは、自己肯定感ということでしょうか。

汐見　「自己肯定感」は英語でself-esteemと言われていて、1980年代の前半に僕が言い出したのがたぶん最初です。

今の自分に対する自信や自分を肯定する感覚を「自己肯定感」という言葉にしたのだけど、それがひとり歩きしちゃってね。そうなると僕は「自己肯定感」という言葉を使うのはやめようと思うわけ（笑）。

石井　生みの親としては、そうじゃない、と（笑）。

汐見　言葉に呪縛されて、自己肯定感が低いとか高いとか、人間をそんなに単純に見るのはどうかと思うわけです。学力で人間を見るというのも偏っていますけど、自己肯定感の高い低いで評価するのも、視野がちょっと狭いぞ、と。

親の信頼が肯定感につながる

汐見　たとえば僕は、小さい頃から自分の好きなことをやってきた。一番大変だったのは、たぶん親だと思うんです。おそらくうしろでハラハラしていただろう、と。

石井　何しろ爆発させてましたしね（笑）。

汐見　ありがたいと思うのは、母親から「あんた何やってるの」とか、「そんなことはよしなさい」とは一切言われなかったこと。おそらくどこかで僕を信頼してくれていたのだと思います。

石井　なるほど。

汐見　父親は東京に単身赴任していて、母親は足が悪かったんです。僕は学校の合間に自転車で母の送り迎えをしたりしていたのだけど、母親に信頼されているというのは、僕にとっての肯定感のひとつだったと思います。

石井　ああ。

汐見　ただ、僕はワーワーとなるタイプだったから、ときどきキレるんですね。ちゃぶ台をひっくり返すこともあったりして（笑）。

石井　そうなんですか。それは大変だ（笑）。

汐見　そのときも母親は何も言わないんですよね。僕が東京に出ていくときに、母親が言った言葉は今でも覚えています。「あんた、すぐカッとなるからな。頼むから人殺しだけはせんといてや」と。これがはなむけの言葉でした。
石井　ハハハハハ。
汐見　それは冗談としても、そういうことをやりかねない子だと思っていた。けど、そう言いながらも深いところで僕のことを信頼してくれていた。僕はそれが一番の親のありがたさだと感じています。

子どもは親の期待からちょっとはずれる

汐見　カッとしてしまう子、みんなはやるのに全然やろうとしない子、観察学習ばかりしている子。子どもはみんなさまざまです。実際は親の期待からちょっとはずれるのが子どもです。それは、どの子もそう。そのときに「何をしているの！」「こうしなさい」「ああしなさい」となってしまうと、子どもの気持ちを本当には聞いていないということになるわけです。

石井　そっか。

汐見　子どもにいろいろな体験をさせてやる。それを親も一緒にワイワイガヤガヤとおもしろがる。それをいっぱいやりながら、そこで子どもが考えたり、感じたりしていることが、その子の財産になっていく。そういうふうに思って、こうしろ、ああしろと言わず、どこかで子どもを信頼し続ける。

石井　うんうん。

汐見　三年寝太郎どころか、二十年寝太郎かもしれないけれど、この子はこの子なりに模索し、人生を送るだろう。それを信頼して待つというのかな。そのことによって、子どもは一番大事な親から、自分は深く信頼されているんだという感覚を持つことができる。その感覚が自己肯定感といわれているもののベースだと、僕は思います。

石井　信頼がテーマになるわけですね。

自分はダメだと思うのは人生のワンシーン

汐見　自己肯定感というのは、やった！　できた！　というように、いろいろなことができて自分に自信がつくということでもあります。困難があったけれども、それをうまく乗り越えたことで自信がついてくる。その積み重ねです。

石井　なるほど。

汐見　だから自分という人間に対して、僕はダメだ、私はダメだと強く思いすぎないほうがいい。俺はダメだなんていうのは、失恋したときにだって思うし、人生につきまとうことだからね。人生のワンシーンなんです。

石井　ダメと思うことがあっていい、と。

汐見　それでもなかなか立ち直れないときは、誰かが少し上手にアドバイスすることが必要かもしれません。でも、僕は自己肯定感がある人がいい人で、ない人がダメな人、なんてことにはなってほしくないんです。

ありのままの自分で、私はこういうタイプなんだ、こういうことがなかなかうまくできないんだ、そういうときにすぐ恥ずかしくなるんだとか。それは豊かにあったほうがいいと思っています。

子どもの持ち味を見守っていく

汐見　100人の人間がいたら、100人が違うからおもしろいのであって、みんなが同じような顔をしているような社会なんて絶対に作りたくないです。

石井　ですよね。

汐見　そういう意味では、一人ひとりの持ち味を信頼しながら、その子の持ち味を見守っていく。そうやって、何かあっても否定されなかった、自分は自分でいいんだという感覚を子どもは得る。あえて言うなら、それを自己肯定感というのではないかと思います。

石井　先ほどおっしゃっていた、子どもを子ども扱いせず、ひとりの個人として扱うというお話と、すごくリンクしているなと感じました。自己肯定感もそうですけど、最近は子どもが何を感じ取るかまでコントロールしようとする大人が多い。

汐見　信頼していないよね。

石井　そう感じさせられることが多々あるので、とても参考になりました。

社会性とは自己を表現し他者との関係を作ること

石井　社会性についても伺いたいのですが、不登校になると社会性が育たないのではないかと心配する親御さんがいらっしゃいます。

汐見　社会性というのは社会の中で上手に自己を表現し、他者との関係を作っていく、そういう力だと僕は思っています。

最近の研究では、社会性の基礎は0歳、1歳、2歳のときに育つことがわかっています。

石井　0歳、1歳、2歳ですか。

汐見　そうです。乳児期といわれる時期に育つ、と。

たとえば、Aちゃんのお父さんとお母さんが夫婦げんかをしたとします。親に甘えたくても甘えられなかったAちゃんは、翌朝、保育園に登園するとなんとなく落ち着かない。こういうとき、子どもの心の中にはちょっとした不安やネガティブな感情がうわーっと渦巻いているわけですよね。

石井　はい。

汐見　あるいは園で遊んでいるときに、おもちゃを取られてしまい、うまく奪い返せなくて泣く子もいます。人間というのはネガティブな感情に襲われることがしょっちゅうあるわけです。

石井　大人になってもそうですね。

汐見　そうね。でも、大人の場合は感情を言葉にして、「ちょっと聞いてよ」なんて言いながら、自分の中にあるネガティブな感情を発散しています。あるいは、こういう考え方もあると教えてもらったのかもしれないと、ネガティブな感情をポジティブな感情に変える工夫をするじゃないですか。

石井　そうですね。

汐見　そういうことができず、ネガティブな感情を持ち続けると、人間は体に不調をきたすことがわかっています。感情を自分の中に閉じ込めてしまうことで、場合によってはうつ病を発症することもある。

ネガティブな感情をうまく発散する

汐見　人間はしょっちゅうネガティブな感情を持つものだけど、いい形で発散したり、傍観的な形で消化したりしていかないと、上手に生きることができない。その練習をやるということは、生き方上手になるということでもあるわけです。

石井　はい。

汐見　けれども、子どもは自分の力だけでネガティブな感情を上手に発散できません。物を投げつけたり、攻撃的な行動をとったりして、発散しようとして、結局、発散できないというふうになってしまう。

石井　ああ。

汐見　つまり、小さな子どもが泣いている、寂しそうな顔をしている、不安そうな顔をしているときは、それを解消するために大人が手伝ってあげないといけないというのが今の理論です。

石井　そうなんですね。大人は何をすべきなのでしょう。

汐見　一番わかりやすいのはアタッチメントです。つまり、信頼する大人がいて、身体的接触をはかるということなんです。

石井　たとえば、どういうふうに？

汐見　「どうしたの？」と言って、その子の手をしっかり握ってあげたり、おんぶしてあげたりする。そうすると脳の中にオキシトシンという癒し系のホルモンが分泌されるわけ。

石井　ああ！

汐見　大好きなおばあちゃんと電話で話しているときにも、やっぱりオキシトシンがわーっと出るそうです。そうやってネガティブな感情が解消されると、子どもは元気になり、遊びに戻ります。

他者への信頼感が社会性をはぐくむ

汐見　自分に何かあっても誰かが助けてくれるという経験値が積み重なっていくと、ベーシックトラストといって、最もベーシックな他者への信頼感がはぐくまれていくわけです。これは、アメリカの発達心理学者であるエリク・エリクソンが提唱しています。

石井　そうなんですね。

汐見　他者というのは、下手したら敵なんですよ。けれども、何かあったときは自分の味方になってくれる存在だという感覚を身に付けられるかどうかが、社会性をはぐくむカギといえます。

石井　なるほど。

汐見　社会心理学者が行っている最近の研究では、社会性をはかる指標があってね。10歳のときに社会性がよく育っている子を調べていくと、0～2歳の乳児期にアタッチメント体験が豊富だったという相関関係がはっきり出てきたんです。

石井　へえ。
汐見　そのなかで一番おもしろかったのは、親ではなく、血のつながりのない人が、僕のこと、私のことを愛してくれている、わかってくれているという感情を持つことが大事だということです。親は当然、アタッチメントをやらないといけないのだけど、保育士さんといった第三者もそうなんです。
石井　第三者ですか。
汐見　自分のことを理解して、何か失敗をしても、「大丈夫、大丈夫」と言ってくれる。血のつながりがなくてもそういった豊かな関係があり、自分を愛してくれる人がいる。そういう感情を小さいときに持つことが、社会性の成長に最も関係しているというデータが出てきたんです。
石井　なるほど、なるほど。
汐見　これはまだひとつの研究だから、もっと研究していかないといけないとは思うんだけどね。子どもに何かあったときに、第三者が「大丈夫だよ」と言ってあげることも、他者への深い信頼性をはぐくむベースになる、と。

社会性のベースは友だちと遊ぶことで育つのではない

汐見　他者を信頼できる人は、社会性が生まれてくる。つまり社会性のベースというのは、友だち同士でいっぱい遊ぶことではないんですよ。

石井　そっか！

汐見　小学校に行ったら、友だちとなるはずの人がいっぱいいます。でもね、何かあったときにいじめられるかもしれないと思うと、友だちを信頼するというよりは、「あいつの前でこんなことを言うとまずいぜ」とか「ここで目立ったらまずい」といって、忖度する練習をすることになってしまう。

石井　そりゃそうだ。

汐見　表面的にはくっつきあっている感じがしても、心の中では信頼していないというのかな。

石井　ああ。

汐見　そんなものは社会性でもなんでもない。

石井　なるほど！

汐見　友だちがたくさんいれば、とか、友だちと関われば社会性が育つというのは違います。学校に行けば社会性が育つのか。条件として可能性はあるけども、実際は中身によってまったく違うわけです。

石井　うんうん。

汐見　たとえば、フリースクールに行って、1人でも2人でも自分のことをわかってくれる先生がいる。あるいは、なんでも話せる友だちがいる。そういう人とは一生の友だちになれるじゃない。つらいことも一緒に共有できる、なんでも話せるという関係が作れれば、その人の社会性は十分に育ちます。

どんな子も社会性のベースは持っている

石井　そっか！　不登校に悩むときは、社会性のベースを作るという乳児期を過ぎてしまっていますけど、リカバリーはできるものですか。

汐見　どんなお母さんでもお父さんでも、子どもが赤ちゃんのときに泣いたからといって、うるさい、バチン！　とやっていなければ、基本的な社会性は育っているとと思っています。

石井　なるほど。

汐見　子どもをいつまでも子ども扱いしないでほしいというのは、そのうえでの話です。

石井　それは先ほどおっしゃっていた「子どもを信頼する」につながっていますね。

汐見　そうです。親に信頼されている子は、それが自分の自信になるし、自分を信頼してくれる人が他者なんだと思ったら、他者への信頼につながっていく。

石井　確かに。

汐見　子どものことを信頼して、子どもの話に耳を傾ける。その子の社会性は、そういうことを繰り返すことによって、育っていくものですよね。

子どもが自発的に学ぶには

石井　不登校になると、勉強のことを心配される方も多いのですが、その点はいかがですか。

汐見　フリースクールというのは何がフリーかというと、カリキュラムを自分たちで作っていけるフリーがあるわけですよね。多くのフリースクールがそうだと思いますが、異年齢でひとつのクラスを作るので、一斉授業なんてできない。そのかわりに、たとえば、月曜日の1時間目に今週1週間で何を学ぶかを子どもたちが決めていくわけです。

石井　そういうところもありますね。

汐見　子どもたちが先生と相談しながら、自発的にカリキュラムを決める。「子どもたちが自分でカリキュラムを作ると、勝手に遊んだりしませんか？」と言う人がいるのだけど、子どもが自分のやりたいことを優先してやっているわけですからね。ものすごく静謐《せいひつ》な時間がそこに生まれるんです。

石井　楽しくて夢中になる。

汐見　わからないところはわかる子に聞いたりしながら、一生懸命にやっている。一方、今の学校は点数で子どもを脅したりしてね（笑）。

石井　ハハハハハ。

汐見　そうすると、本当に子どもが勉強したいことを上手に学ばせているとは限らないんですよ。点数で脅されているときは、心の中で「これが知りたかったことなんだ」という感情が動いていません。試験が終わると、すぐ忘れてしまうような知識が多い。

石井　そのとおりだと思います。

汐見　それに対して、「僕はどうしてもこれを知りたいんだ、調べたいんだ」ということを中心にカリキュラムを作っていくと、そのほうが間違いなく一生残る知識になったり、探究心になったりしていく。

　子どもたちに必要な力は何かというと、世の中にどういう問題があるのかを見つける力であったり、その問題をどうすれば解決していけるかを探索する力であったりすると思うのね。あるいは生き方を自分で上手に探せる力もそうだし、いろいろな定義の仕方があると思うんです。

本当の学びとは何か

汐見　私たち自身は典型的な学校しかイメージがないから、それ以外の場で学んでいると、身に付かないのではないかという不安があるかもしれません。でも、実際には学びの本来の姿はどういうことなのかを探求しているところが、フリースクールなんですよ。

石井　ああ！

汐見　そういう意味では、その可能性はこれからどんどんと大きくなって、学校が多様化していくと思います。もっとオルタナティブな学校ができてくると、「あそこの学校は芸術の力が深く身に付くよね」とか、「あの学校は子どもたちの探求する力が強いよね」なんてことが出てくると思うんです。

石井　そうですね。

汐見　そこは、子どもを信頼するということの延長でね。本当の学びとは何かということを、あらためて追究している人たちがいっぱいいると、「こういう学校じゃまずいぞ」という流れが出てくると思うんです。

石井　はい。

汐見　僕は日本人ってすごく教育熱心な民族だと思っているんですよ。逆にいうと、今までのやり方ではないやり方や、もっとおもしろい学びの仕方があると気がついたら、おもしろい学校をどんどん作っていける。そういう時代を迎えるのではないかと、勝手に思っています。

第4章

子どもの将来のためにできること

進学も含めて、これから先どうするかを考えるときも、まずは子どもの考えを聞いてあげてほしいと思います。子どもが提案することには、いいものもあれば、そうでないものもあるでしょうし、「それは違う」と思うこともあると思います。

それでも、これは子どもの人生です。本人が選びとることで、力を発揮します。大人は、その選択を応援してあげてほしいと思います。

あきらめることも大事

子どもの得意なことを伸ばすのが望ましいとわかっていても、なんでもある程度できる子に育てようと思ってしまうことがあるかもしれません。苦手なことはとことん苦手だけれど、ずば抜けた才能を持つアスリートや研究者の親御さんたちも、苦労しているようです。

それでも、子どもに好きにやらせるしかないんだと、親があきらめることが大事なのだろうと思います。この子は大丈夫、と信じてあげてほしいと思います。

小学校ではほとんど不登校でまともに勉強しなかったけれども、子どもに決定をゆだねるようにしてきたという家庭があります。その子が進学した高校は、学力的には高い学校ではありませんでしたが、あるとき「公務員になりたい」と言い出し、実際にそうなりました。本人の気持ちを尊重するほうが、力を発揮するという一例です。

もし保護者の方が「うちの子は何もわかっていないだろう」と思っていたら、その子は「自分は何もできない」としか思えません。一方で、「あなたはきっと大丈夫、幸せになれる」という目で見ると、根拠のない自信が子どもには育ちます。失敗するかもしれないけれど、挑戦できる人になると思います。

思い続けることが大切

ただ、自信を持ちにくい子に、「あなたは大丈夫」といったメッセージを浸透させるには時間がかかります。それは、まるで石におでんのだしをしみこませるようなもの。それでも、親の想いはしみていくものです。思い続けることが大切です。

不登校というのは基本的に、子どもにとって人生の危機です。自分なんかが生きていていいのだろうか、なんで自分は生きているんだろうと葛藤します。ただ、そういった葛藤はそんなに悪いものではないと思っています。

そういった葛藤を経ていくと、「なんのために生きているのか」ということが見えてきて、それに沿って生きていく人がたくさんいます。

高校生になってから、ほとんど不登校だったという映画監督の押井守さんは、その当時に考えていたことが映画作りやその後の作品の原点になったと取材でおっしゃっていました。

演出家の宮本亜門さんや、リリー・フランキーさんも、引きこもっていた時期があり、その当時に考えていたことが今の自分の原型を作っている、ということを異口同音に語られています。そういう意味では、自分を得るまたとない機会なのです。

不登校経験者の85パーセントは進学する

文科省の調査によりますと、中学3年のときに不登校を経験した子どものうち、85・1パーセントは高校に進学しています。[2] 進学しなかった約15パーセントの中にも、高卒認定試験を受けている人がいるでしょうから、かなりの人が進学の道を選んでいます。

小中学校で不登校になっても、多くの人は高校に行くということは知っておいてほしいと思います。「この先もだいたい大丈夫。高校にも行ける」と思えるだけで、全然違うと思います。

弁護士からタレントまでさまざまな職業に

就職に関していえば、ありとあらゆる職業の人がいます。消防士、大工、会社員、学校の先生、弁護士、タレント。不登校だったのに「堅い職業につけるの？」と言われたりしますが、公務員になっている人もいます。

小学校の入学直後からずっと学校が合わない子がいました。彼は数年間、学校へ行っていませんでしたが、塾に通うようになると、塾の先生から「きみは私立の学校に行ったらどうか」と言われたそうです。

そして、私立の中学校へ行き、結果的には現役で東大に合格。大手銀行勤務などを経て、今は不登校や学習困難な子にも活用されているＡＩ教材の仕事をしています。

また、小学校中学年から不登校になり、フリースクールに通っていた女性は、10代の頃、新宿でも一番混雑することで有名なファストフード店でバイトをしていました。

彼女は面接のとき、聞かれてもいないのに不登校の経歴を話したそうです。相手の方は急にそんな話をされて、面食らったでしょうが、元気のよさそうな子だからということで採用され、彼女はめきめきと仕事を覚えていきました。

彼女は、漢字や計算がところどころあやしかったようですが、仕事を覚え、その後、専門学校に進学しました。ファストフード店を辞めたあと、接客業に強い彼女は八百屋さんでバイトをしていました。それがきっかけで、今は八百屋さんの店長としてがんばっています。

その様子を見に行った人は、彼女の仕事ぶりに驚いたそうです。お客さんの顔を見ると、彼女はすぐに名前を呼び、「今日はかぼちゃが入ってるよ」「小松菜が安いよ」と声をかけていたといいます。彼女の中には相当数のお客さんの顔と名前、買ったものがインプットされていたんですね。

彼女とはよく飲みに行く仲ですが、ふだんはとにかく適当です。「この前、言っていたことと全然違うし！」なんてこともあるのですが、彼女が言うには、お客さんの名前と買ったものは、めったに忘れないのだそうです。

学校以外のところで学び、仕事に活かしている、とてもいい例だと思います。

引きこもっていた女性は作業療法士に

私の知り合いに10年以上、引きこもっていた女性がいます。1章で雑談の大切さについてお話ししましたが、彼女も「助けになったのは、母との雑談だった」と言っていました。

引きこもっていた当時はお昼頃に起きて、母親と一緒にご飯を食べていたそうです。彼女は、食器がカピカピに乾くまで、と表現していましたけど、食器がカピカピに乾くまで長時間話をして、2人で後片付けをして、そのあとはお互いに自由な時間を過ごしていたそうです。

その頃の彼女は、学校へ行けなかったり、アルバイトができなかったり、常に不安を抱えていましたが、なんでもない雑談の時間に救われたのです。

私は彼女が引きこもっていたときからつきあいがありますが、当時から彼女は人の気持ちに気づける人でした。そして、不安を抱えているときに、人に支えてもらう大切さを認識した彼女は、作業療法士になりました。彼女が選んだのは、自分の体をうまく動かせないという不安を抱えている人に向き合う仕事だったのです。

派手な人生ではなくても幸せになっている

中学校から不登校になり、学校にはずっと行っていなかった女性がいました。

理由を聞いたことはないのですが、彼女は「お嫁さんになりたい」と言っていました。

私と同世代で、「お嫁さんになりたい」と言うのは珍しいかもしれません。でも、「幸せな家庭を築きたい」という彼女の夢は、とてもいいなと私は思うんですね。

彼女はその頃の夢を叶え、結婚をして、今ではお母さんになりました。再会したとき、「夢を叶えられてよかったね」と言ったら、彼女はこう言っていました。

「夫に不満があるし、夢が叶ったっていうのかなあ。でも、子どものいる今の家庭は、すごく幸せだよ」

思い描いていたのとは少し違うけれど、幸せだと言える今がある。派手なエピソードではないですが、私はこの話がすごく好きです。

「ふつう」のおじさん、おばさんになる

不登校から20年、30年経って大人になった人たちに会ってみて、私がいつも感じるのは、「ふつうのおじさん、おばさんたちだな」ということです。

不登校時代、いつでもどこでも帽子を深くかぶって、自分の顔をあまり見られないようにしていた寡黙な少年がいました。彼に15年後に会ったら、ふつうのおじさんになっていました。

当時、とてもキツイ目をして厳しい顔つきをしていたのが、透明感のない目をしたおじさんになっていたのです。「昔はずっと帽子をかぶっていたよね」と言ったら、「ああ、工場勤務だから、今でも帽子をかぶっていることはあるよ。そんなこともあったね」と本人も忘れていたくらいでした。

もちろん、何の波風も立たず葛藤もなく過ごしていたわけではないと思います。苦労はあるだろうし、つらいことも経験していると思います。でも、それは不登校ゆえではなく、生きていたら誰でも経験することですよね。

自分のやりたいことを仕事にしようとして、うまくいかないこともあるかも

しれません。失恋することもあるでしょう。一方で、仕事に満足することもあるし、結婚して、子どもができることもある。そんな「ふつうの人生」を歩んでいるという意味で「ふつう」のおじさん、おばさんになったんだと、私はいつも思うのです。

「不登校」の終わりは人によって違う

では、そんなふつうの大人たちになった、元・不登校の子どもたちは、いつ不登校を終わらせたのでしょうか。それには、想像するよりも長い時間がかかっていると思います。

多くの人は、とにかく不登校を終わらせることが大事だと考えがちです。たとえば、学校にまったく行けなかった子が保健室だったら登校できるようになったときに、不登校は終わったと言いたい気持ちになります。でも、子どもにとっては、学校に戻ったというだけで、不登校の終わりを意味するわけではありません。

苦しかったことに決着をつけるための時間の長さは、人によって違います。いわゆる思春期が終わる頃に、不登校が終わる人も多いと思います。一方で、大人になってからも、不登校が終わったとは感じない人もいると思います。

私自身、大人になってからも、不登校が完全に終わったという感覚はありません。不登校という経験と折り合いをつけて生きられるようになったという感覚なのです。

不登校の経験はいつか自分の財産になる

私は、学校に行かなくなったとき、この先どうやって生きていけばいいかわからない、どんな大人になるのかもわからない、と不安で悩んでいました。その気持ちを親に言うこともできませんでした。

私の場合は、フリースクールの友だちやスタッフにそういった気持ちを話しました。幸いにも、不登校新聞社のボランティア記者として、著名人の方をはじめ、たくさんの方に会う機会に恵まれ、「どうやって生きていけばいいのかわからない」という疑問をぶつけることができました。そして、たくさんの方から心にしみる答えをいただきました。

とても心に残っているのは、糸井重里《いといしげさと》さんの言葉です。糸井さんを取材したとき、「せっかく不登校をしたんだから、不登校を楽しんだらいいと思うよ」と言ってくれました。不登校で苦しんでいた私はこの言葉に支えられ、自分の生きていく方向がはっきりと見えた気がしました。

不登校新聞社の記者になろうと決意し、入社を申し込んだのは、糸井さんを取材して、とても感動したことがきっかけです。不登校新聞社としては、そのときスタッフを募集していたわけではないので、私の申し出に驚いたようですが、たまたま欠員が出たので入社させてもらい、今に至ります。

入社が決まったときは、親より先に糸井さんに報告して「高く、広く、深く翔《と》んでいってください」というお返事をいただきました。

その後は、結婚して、パートナーとともに人生を歩んでいます。『不登校新聞』の取材を通して、さまざまな出会いもありました。

生きていれば、つらいことは誰にでも起こります。つらい思いをしている人の話に耳を傾け、その人を支えることができたと感じるとき、不登校の経験は自分の財産になっていると実感します。

そしてまた、私が苦しいときには、「あのときたくさん話を聞いてもらって、支えてもらったから」と言って、私の話に耳を傾け、支えてくれる人がいます。

不登校で葛藤し、どうやって生きていけばいいのか悩み、積み上げてきたものは、他者を救うこともできるし、自分のことも救ってくれる。今はそんなふうに思っています。

子どもの将来のためにできること

・子どもを信じて応援する

対談

「未来の教育」はネットとITを使った個別教育

角川ドワンゴ学園理事

川上量生

石井志昂

川上量生

（かわかみ・のぶお）

1968年、大阪府出身。京都大学工学部卒業。97年株式会社ドワンゴ設立。通信ゲーム、着メロ、動画サービス、教育などの各種事業を立ち上げる。株式会社ドワンゴ顧問、株式会社KADOKAWA取締役、学校法人角川ドワンゴ学園理事、スタジオジブリプロデューサー見習い。

石井　Ｎ高等学校（以下、Ｎ高）は今日本で生徒数が一番多い高校です。Ｎ高の生みの親である川上さんにまず伺いたいのですが、そもそもＮ高とは、どういう学校なのでしょうか。

川上　通信制高校なのですが、僕らは「ネットの高校」と名乗っています。枠組みとして通信制高校の制度をうまく利用して最先端の学校を作ろうというのが、最初のコンセプトでした。未来の教育の姿は、インターネットとＩＴ技術を使った個別教育である、と考えています。

石井　なるほど。

川上　ところが、日本で通信制高校というと、ドロップアウトした人が行くような学校として捉えられがちですよね。

石井　確かにそうですね。

川上　日本で個別最適化された教育を実現するなら、一番近いのは、通信制高校なんですよ。このギャップを解消したいと作ったのが、Ｎ高です。

石井　そういうことなんですね。立ち上げられてみて、設立前に考えていたこと、実際に違ったことはありますか？

川上　いろいろありました。ひとつは、教育というのは、やはり時間がかかるということ。僕らはそれまでに「着メロサイト」や「ニコニコ動画」といったネットサービスを提供していました。そういったサービスを利用してもらうまでのハードルと、学校に入ってもらうためのハードルはまったく違った。もちろん、予想はしていたのですが、想像以上にその差が大きかったんですよね。

石井　サービスを始めるまでに時間がかかったということですか？

川上　ではなくて、世の中に認知されるまでに時間がかかりました。

石井　ああ！

川上　認知されて、さらに利用してもらうまでにも時間がかかりました。初年度で1万人くらい集まるだろうと思っていたのですが、全然集まらなかった（笑）。

石井　でも1万人の段階で、すでに日本では一番大きな高校になるわけですよね。最初からそこを採算ラインに据えたという話を聞き驚いたのですが、川上さんの中ではいける！　と思っていた、と。

川上　通信制高校への偏見を解消できれば、一気に広がるだろうとは思っていました。

個別最適化教育が一番の本道

石井　1年が数年にはなったものの、結果的には生徒数が1万人を超え、振り返ったら急激にN高の話題に囲まれていた。私としてはそんな感覚がありますが、N高の学びで意識されているのは、やはり個別最適化ということでしょうか。

川上　個別最適化の教育というのが一番の本道なので、それをやるべきだろうと思ったんです。

石井　うんうん。

川上　N高って、プロモーションがうまいと思われていると思うのですが、僕がこれまでに手がけた「着メロサイト」にしても「ニコニコ動画」にしてもプロモーションを上手にやるのは当たり前の話。一番重要なのは中身だと思ってやってきました。教育の場合に、その中身の骨格は何なのかというと、個別最適化だろうと。

石井　なるほど。

川上　ただ、個別最適化をやるべきというのは教育をどうやるべきかの結論であって、N高を作った理由ではありません。N高は持ち込みの企画でした。不登校の人たちが、行きたい学校がなくて困っている。通信制高校へ行くのが恥ずかしくて友だちに言えない。

　でも、ドワンゴが手がければ、そういう子たちが行きたい学校が作れるはずだ。そう説得されたとき、確かにそのとおりだなと思って、やろうと思ったんですよね。

石井　そうでしたか！

川上　じゃあそのためにどんな形でこの問題を解決するか。そのとき、「不登校生を救う」みたいなテーマを掲げたら絶対にダメだと思ったんです。もっと前向きな言葉にしたい。理由として一番大きいのは、ドワンゴ自体が「社会不適合者」が集まって作った会社だったからです。

石井　「社会不適合者」ですか（笑）。

川上　ゲームばっかりやっていて、それで人生を見失ってしまったような人たちを集めて、会社を作ろう。それが、そもそもドワンゴの原点でしたから。東証マザーズに上場したときは、部長以上の人たちの半数は最終学歴が中卒か高卒でした。

石井　いいですねえ。すごい勇気をもらえます（笑）。

今のルールで「落ちこぼれ」と判断されただけ

川上　「僕らは確かに今の世の中から見ると、落ちこぼれかもしれない。でも、ＩＴなどに関していえば、むしろ進んでいる」――ドワンゴの草創期のメンバーには、そういうメンタリティがものすごくある。

石井　わかります。

川上　不登校の話を聞いたときに思ったのは、落ちこぼれというふうに判断されているのは、今の学校教育のルールでの話でしょう？　ということでした。そのなかにはプログラミングのスキルを持っていたり、ネットに詳しかったり、能力の高い人が当たり前にいるはずなんです。

石井　そうですね。

川上　でも、偏見の目でそういうふうに見られている。そんな彼らに対して、不登校から「救ってあげる」というのは、違うと思うんですよ。そんなことは一切忘れて、新しい学校を作ろう！　と。そこはもうフラットなわけです。そして、それは僕たちがやっていきたいことと重なる。

石井　なるほど！

川上　不登校の子のための学校ではなく、未来の学校であれば、みなさんスタート地点は一緒ですよね、ということだったんです。

「ネットの高校」でもコミュニケーション力はつく

川上　N高を作るとき、もうひとつの柱として、「ネットの高校」というコンセプトで勝負をしようというのがありました。ネットでもコミュニティを作れるし、コミュニケーション力もつく。それをわかっていたからです。

石井　実は数年前、私のもとに、N高生が訪ねてきてくれたことがあったんです。彼は人見知りでまったく人としゃべれなかったそうですが、ワークショップなどを通してディスカッションをしているうちに、めちゃくちゃコミュニケーション能力がついたと話していましたね。通信制の学校でも、やり方次第でコミュニケーション能力もつくし、友だちもできると。

川上　そうなんですよね。

石井　彼は当時、高2だったかな。その子も不登校だったそうですけど、N高にマイプロジェクトという企画があって、自分は不登校の企画をやりたい、不登校のポータルサイトがほしい、そう思うようになって、『不登校新聞』に取材に来てくれたんですね。

川上　マイプロジェクトですね。

石井　それを聞いて、本当に感動しました。彼のような話がもっと広がるといいなと、心から思いました。

生徒に無理やりさせない

川上　でも、実を言うと僕らは生徒たちにちょっと厳しいんですよ（笑）。

石井　えっ。

川上　生徒たちのことを差別はしないけれど、手を差しのべることもしない。誤解を招く言い方かもしれないですが、僕らの学校では、ここまで這い上がってこいという感じなんです。

基本的に僕らの生徒への義務は、高校の卒業資格を与えることだけです。ですので、高校を卒業するというところだけは、一生懸命サポートします。

でも、僕らが学校として勝負するのは卒業資格に関係のないキャンパスでの課外授業で、それは生徒に無理やりさせないというのが方針です。こちらから強制はしません。

石井　その彼も言っていました。Ｎ高は、単位になるもの、卒業のために必要なものは、キャンパスの課外授業にはない。一切ないのだけれども、行ったら絶対に楽しい課外授業がある、そう言うんですよ。

自発的に行動する生徒に寄り添う

石井　授業がおもしろい、と高校生が言うわけですからね。高校生がここまで振り切った評価をしていることにビックリしました。それは、授業はおもしろいものにしよう、だけど単位や卒業といったこととは関係ないことにしよう、ということですよね。

川上　そうです。けれども寄り添う姿勢は基本的にない（笑）。もちろん、自発的に行動する生徒には寄り添いますが、そうでない生徒に対しては寄り添わないんです。

石井　なるほど。

川上　これは重要なことだと思っています。自発的に行動しないと何も起こらない環境では、人間はやむなく自発的になるんですよ。ただ、最後まで自発的に行動しない生徒も出てきます。それも少なからず。

石井　ああ。

川上　でも、自発的に行動した生徒というのは、何をやろうとしたかに関係なく、自発的に動くということを学ぶので、その後の人生が変わるんです。

双方向性のある学習アプリ

石井　N高といえば、テクノロジーを使った教育ですが、具体的にはどういうことですか?

川上　最初に作ったのは、「N予備校」という学習アプリです。そのコンセプトは、まずオンライン教育に合わせたインターフェイスを設計しましょうということ。オンライン授業は基本的に映像が多いわけですが、双方向性がないんですよね。

石井　はい。

川上　だから、ネットでもリアルタイムの双方向性を得られるシステムを作ろうというのが、まずひとつ。もうひとつは、問題集を作っている一流の執筆者に、そのシステム専用の問題集を一から書いてもらうこと。そこまでやっている教育システムは世の中にほぼ存在していないんですね。それを形にしたのが「Ｎ予備校」です。

ＶＲでコミュニケーション力をつける

石井　最近はさらにＶＲ教育もされているんですよね。どういうものなのでしょうか。

川上　オンライン教育の弱点として、生徒もそうですが、とくに保護者の方が心配されるのは、コミュニケーション能力が身に付くかどうかですよね。

石井　そうだと思います。

川上　僕はそこに異論があるんです。一口にコミュニケーション能力といっても、いろいろあるわけですが、これからの時代に必要なのはネットのコミュニケーション能力でしょう、と。

石井 うんうん。

川上 で、あれば、むしろN高のほうが身に付くわけです。

石井 そっか（笑）。

川上 と、言いたいところなのですが、多くのN高生はアルバイトの面接ですら緊張しすぎて落ちてしまうという現実があります。なので、対面のコミュニケーション能力もつけないと、バイトの面接も通らない。

石井 ああ。

川上 これを解決しないといけないというので、バイトの面接練習専門チームを作ることにしました。希望者は無料で、全員受けられるようにしています。

石井 なるほど、なるほど。

川上 さらに究極的な解決方法が、VRを使った対面でのコミュニケーションのシミュレーションです。最終的に対面でのコミュニケーションですら、オンラインの学校のほうが優れているという状況を作れると思っています。

石井　なるほど！　最終的にはリアルの学校を越えていくということなんですね。

脱偏差値教育を目指す

石井　Ｎ高は脱偏差値教育を目指されているそうですが、どういうふうに目指そうとしているのでしょうか？

川上　僕は公立の小学校・中学校に通ったんですけど、社会の多様性を知るうえではすごくよかったと思っています。ところが、高校生になった瞬間、そうではなくなる。高校は偏差値によって輪切りにされているために、社会的な階層も似たような生徒しか集まらないんですよ。

一方、Ｎ高の生徒は偏差値で輪切りにされていません。多様性のある生徒たちにＮ高で学んでもらい、社会の多様性を知った彼ら、彼女らに各業界で活躍してもらう。それが、僕がやりたい脱偏差値教育です。

石井　なるほど。

川上　東大を目指す生徒がいれば、それを支援するし、エンジニアを目指す生徒がいれば、それを支援する。それぞれの目的に応じて、生徒を支援するのが基本姿勢です。

N高の生徒が東大に入ることに社会的な意味があるとしたら、多様性です。N高には不登校だった生徒もいますし、障がいを持つ生徒もいる。

そういう人たちも世の中にはいるんだ、クラスメイトにいたんだ、ということを経験している人間が東大に入る。それが重要だと思うんですよね。

N中等部もN高と共通していることが多い

石井　私もそうなんですが、不登校に関わる人たちは、N中等部（以下、N中）にも注目しています。N中はどういう学校なのでしょうか。

川上　N中は、N高を立ち上げた2年後に設立したネットの学校です。ただ、N中は学校教育法第一条に定められた中学校ではないので、自身の中学校に在籍したままN中で学んでもらっています。

中学生にネットの学校を提供するのが本当にいいのかどうか。この点は、僕たちもだいぶ議論し、ネットで十分といえるかはわからないよねということで、まずは通学コースを作りました。

石井　はい。

川上　その後、ネットコースでもいけるという確信を得られたので、ネットコースを作ったんですけど、N高のネットコースと違うのは、オンラインでの双方向授業を全員に行っていることです。

石井　オンライン授業で、先生と生徒の双方向性のやりとりがある、というのがN中なんですね。N中でも課外授業をやっているんですか。

川上　そうですね。N中もできるだけN高と同じことをしています。

石井　生徒さんは今どれくらいいらっしゃるんですか。

川上　ネットコースが６２０名、通学コースが４２５名です（２０２１年５月現在）。

石井　爆発的に増えていますね。でも、川上さんとしては、そんなに増えていないという感覚ですか。

川上　N中は生徒が増えるからという理由で作ったわけではないんです。とにかく要望が多かった。

石井　そうでしたか。

川上　僕としては高校だけでも大変なので、中学校まで手を広げたくなかった。でも、実際にN高の説明会に来る人や、資料請求をする人って、小学生の保護者がすごく多かったんです。不登校で悩んでいるのだけど、N中がなかったので、5年くらい先にしか入学できないN高の資料請求をしていたわけです。

そういった状況を見て、やっぱり僕らでやらないといけないな、というので始めたのがN中なんですね。

石井　なるほど。コロナの影響で、ネット教育に対する風潮に変化を感じられますか。

川上　N高としてやっていることはそれほど変わっていませんけど、世の中の受け止め方は相当変わりましたよね。世の中から認めていただいた、という感覚はあります。

これからの教育には何が必要か

石井　先ほどＮ高は未来の学校だというお話をしていただきましたが、これからの教育を考えていくうえで、子どもたちにはどのような教育が必要だと思われますか。

川上　最終的な教育の形はこうであるべきと言えるほど、僕たちは教育に関して確固たる知識があるとは思っていません。ただ、教育というのはなかなか変わらないものです。誰もがおかしいと思っていることについては、変えていく。Ｎ高を起点にそれができたらいいなと思っています。

石井　たとえばどういうことですか？

川上　ひとつは先ほども言った、偏差値教育です。偏差値で輪切りにされている、という問題。いろいろなことを吸収できる若い多感な時期に、受験勉強だけをやらせている。それは国家的損失ですよね。
もうひとつは、高校時代から大学レベルの教育を受ける機会を作りたい。ようするに受験教育以外の教育の機会をたくさん作る、ということです。

おかしいと思うことを順番に変えていく

川上 教員の過重労働の問題もあります。
石井 それも変えられますか？
川上 僕たちは分業しているんですよ。N中、N高は専門の事務員も雇用しています。
石井 そうでしたか。
川上 リモートワークって、IT業界的には優秀なエンジニアの特権みたいになっていますけど、これは絶対におかしい。むしろリモートワークでしか働けない人たちに、その枠を最初に渡すべきだと思うんです。
石井 ああ。

川上　僕たちはリモートワークでできる事務作業を、シングルマザーの人たちにやってもらっています。そのほうが合理的じゃないですか。
実際、彼女たちは優秀なのだけれど、働き口に困っている。そういったチャンスを与えられていない人たちに、チャンスを作る。そういったことをやっていきたいと思っています。

石井　それが未来の形になっていくということですね。

川上　おかしいと思うこと、やったほうがいいこと、やられていないことがたくさんありますから、順番にやっていきましょう、と。

石井　もともとドワンゴは「社会不適合者」と呼ばれる人たちが集まってできた会社なんだと、先ほどお話しされていました。不適合だったという感覚から始めて、でも、それって社会が変われば適合するじゃないか、それができるんだったらそうしようと。そんな発想に立って、いろいろなことをやられているということが、とてもよくわかりました。それが、まわりからするとドラスティックに見えたりするんだろうなと。

川上　僕たちは当然のことをやっているだけで、変わったことをやっているつもりはないんです（笑）。

生徒を子ども扱いしない

石井　最後に、不登校についてはいかがですか。

川上　今の学校教育が多様性を許していないというのが、不登校の根本的な原因だと思っています。あと、あんまり寄り添うばかりだと、いい方向にはいかないだろうと僕は思っています。もちろん、根本的にはやさしさがないといけないのだけど、厳しさというのも必要だ、と。

石井　N高の学びのあり方として、這い上がるという言葉を使われていましたけど、ハードルを自発的に越えていくことが必要なんだよ、ということですよね。手取り足取りやって、無理やり引っ張っても、それは違う、と。

川上　そうです。

石井　お話を聞いていて、子どもを子ども扱いしていないなと感じました。それは、子どもを信頼していないと、なかなかできない。

川上　そうですね。生徒を子ども扱いするなというのは、本当によく言っています。たとえば子ども相手の独特のしゃべり方ってありますよね。そういう言葉で生徒に対して話すスタッフがいると、僕は怒るんです。対等な言葉で話そう、と。

Ｎ高のいいところとして、先輩後輩の敬語がないんです。ネットだから年齢がわからないんですよね（笑）。

石井　確かにわからない（笑）。

川上　僕はタメ口の文化って、すごくいいと思っています。Ｎ高では先生という呼称も禁止にして、今はさん付けにしようと言っています。

石井　すごくいいと思います。私が通ったフリースクールも、さん付けだったり、あだ名だったりしますけど、それによって尊敬の念がそがれるなんてことはないですからね。

川上　そう。関係ない。

石井　尊敬している人は尊敬していますし、尊敬していない人は、先生と呼んでいても尊敬していませんから（笑）。

今日は貴重なお話をたくさんお聞きできて、とても参考になりました。お忙しいところありがとうございました。

川上　こちらこそ、ありがとうございました。

おわりに

本書を通して伝えたいことをあらためて述べて終わりにしたいと思います。「学校に行きたくない」と子どもが言ったときに親ができることは何か。まずやることは、ただひとつです。「わかった」と言って休ませてあげてください。行きたくないという主張をまるごと受け止めてほしいのです。なぜならば不登校でも大丈夫だ、と私は思っているからです。

自分の不登校を通して、不登校の取材を20年間やってきて、たくさんのタイプの人たちに出会って「不登校でも、だいたい大丈夫そうだな」という結論に達しました。「不登校になっても大丈夫なんだろうか」という不安は私自身が抱えていたものです。その答えを25年後の今、出すことができました。

とはいえ、子どもがもしも不登校になったらと思うと親は不安が膨らみます。学力、社会性、将来の仕事、コミュニケーション能力など、考えれば考えるほど心配事も出てきます。学校へ行きたくない子ども自身だって同じ心配を感じています。

でも、大丈夫です。もちろん苦労をすることはあります。けれど自分の命を削ってまで学校に通ったら、学校を卒業する頃にはボロボロになってしまいます。将来と命を天秤にかけて苦しんでいる人をたくさん見てきました。もっと早く不登校ができていれば「これほど傷つかなくてすんだのに」と思う子にもたくさん出会ってきました。

不登校を「回り道」と表現する人もいますが、不登校は成長のあり方のひとつです。安心して子どもを休ませてあげてください。より正確に言えば、親が「うちの子は大丈夫だ」と腹をくってくれたら、子どもはとても安心です。

親御さんが安心する根拠はなくて大丈夫です。「うちの子なんだから大丈夫」という根拠のない自信のもとでも子どもは安心感を得ます。その安心はとても大事なもので、子どもの心に栄養を与えられるものです。心に栄養がたっぷりたまれば、子どもはいろんなことにチャレンジをして、生きる力と希望を蓄えていきます。親が「大丈夫だ」と言って笑顔でいること。それは言葉では言い表せないほどの力があるものです。

思い返せば、私が「学校に行きたくない」と言ったとき、私を救ってくれたポイントが2つありました。

ひとつ目のポイントは、私が学校へ行きたくないと言ったその日、母が「わかった」とだけ言って休ませてくれたことです。あのとき「もう少しだけ様子を見てみよう」とか「明日だけがんばってみよう」と言われていたら、本当に苦しかったと思います。

少しの批判も提案も受けつけられない状態だったのは、学校で苦しかった胸の内を誰にも言えず、我慢が限界まで達していたからです。「行けない」と言った日は崖から飛び降りるような心境でした。気軽に出したSOSではありません。

あれからたくさんの不登校経験者を取材してきましたが、子どもが「学校に行きたくない」と周囲に伝えるときは、私と同じように限界ギリギリであることが多いです。その日はどうか「わかった」と言って休ませてあげてください。

2つ目のポイントは、私が不登校をする前から「不登校後の居場所」に関する情報を得ていたことです。私の場合、それはたった1カ所のフリースクールを知っていたことでした。だから不登校になったことに対して絶望せずにすみました。

もしよろしければ「不登校をした後のこと」を調べて、親子で話し合ってみる機会を設けられるのはいかがでしょうか。フリースクールの話などをしたら、子どもが不登校になりやすくなってしまう、と心配される方もいるでしょう。しかし、それは子どもに「避難経路」を教えないことと一緒です。

いじめも不登校も誰にでも起きる可能性があります。けれども、そうなった場合、逃げていく先がわからなければ、子どもは学校との「心中」を選んでしまうかもしれません。適切な場所に逃げて、心と体を休めてからならば、いくらでも再スタートできます。

本来ならば親御さんだけでなく、学校の先生からも「学校は命を削ってまで通うところではありません」と伝えてほしいと思っています。

最後になりましたが、すでにお子さんが学校へ行っていない場合、ぜひ『不登校新聞』をご覧になってみてください。不登校当事者の話、親御さんの話を読んでみてください。きっと目の前にいる子どもの気持ちがわかってくるはずです。

いきなり解決策は見えなくても、子どもの気持ちが見えてきたら、よい方策が浮かびます。逆に言えば子どもの気持ちがわからないままだと、何をしても裏目に出るという話はたくさん聞いてきました。

そして、私自身もそうであったように、不登校の当事者・経験者で『不登校新聞』のボランティア記者（子ども若者編集部）に興味を持つようでしたら、ぜひご連絡ください。不登校で苦しんできた葛藤は、紙面を作る際には財産になります。読者としても、記者としても、本書での縁を機に『不登校新聞』で再会できれば幸いです。

これで本当に最後です。最後までお読みいただき、ありがとうございました。

２０２１年５月　石井志昴

参考文献

1「令和元年度　児童生徒の問題行動・不登校等生徒指導上の諸課題に関する調査結果について」文部科学省・２０２０年

2「不登校に関する実態調査 平成18年度不登校生徒に関する追跡調査報告書」文部科学省・２０１４年

3「ストップいじめ！ナビ」ホームページ　http://stopijime.jp

4「小・中学校に通っていない義務教育段階の子どもが通う民間の団体・施設に関する調査」文部科学省・２０１５年

5「２０１９年度　フリースクール等基本調査」ＮＰＯ法人フリースクール全国ネットワーク・２０１９年

カバー・本文デザイン（P37、51、56、103、105〜106、151、153〜154）FROG KING STUDIO
編集協力　小山まゆみ

石井志昂《いしい・しこう》

1982年、東京都生まれ。中学2年生から不登校となりフリースクールに通う。19歳から日本で唯一の不登校の専門紙である『不登校新聞』のスタッフとなり、2006年から編集長。20年からは、代表理事も務める。これまで、不登校の子どもや若者、識者ら400人以上に取材をしている。「あさイチ」「逆転人生」（NHK）「スッキリ」（日本テレビ）「報道特集」（TBS）などメディア出演も多数。不登校新聞社が編者として関わった書籍に『学校に行きたくない君へ』『続　学校に行きたくない君へ』などがある。

ポプラ新書
212
「学校に行きたくない」と
子どもが言ったとき親ができること
2021年 8 月10日 第 1 刷発行
2021年 8 月30日 第 2 刷
著者
石井志昂
発行者
千葉 均
編集
近藤 純
発行所
株式会社 ポプラ社
〒102-8519 東京都千代田区麹町 4-2-6
一般書ホームページ www.webasta.jp
ブックデザイン
鈴木成一デザイン室
印刷・製本
図書印刷株式会社

N.D.C.379/186P/18cm ISBN978-4-591-17078-6

P8201212

続　学校に行きたくない君へ

大先輩たちが語る生き方のヒント。

全国不登校新聞社　編

中川翔子、ヨシタケシンスケ、りゅうちぇる、立川志の輔、谷川俊太郎、庵野秀明、糸井重里――全17名の人生の先輩たちが語る、生き方のヒント。
マンガ「学校に行きたくないわたしの気持ち」も収録。

いろいろな人生があっていい。
遠回りしたからこそ、
得られるものがある。

やりすぎ教育
商品化する子どもたち

武田信子

日本の子どもの精神的幸福度は、参加38か国中37位。大人たちの過度な期待と押しつけで、日々、心と体を蝕まれ、自信を失っている子どもたち。教育熱心と教育虐待のボーダーラインはどこにあるのか。本書は、家庭や学校で起きている不適切なかかわりあいの実態を報告、さらに、学びと遊びの本質、幼児期の発達プロセスなどを紹介する。真の成長、生涯続く学びを考える教育・子育て改革論。

生きるとは共に未来を語ること 共に希望を語ること

昭和二十二年、ポプラ社は、戦後の荒廃した東京の焼け跡を目のあたりにし、次の世代の日本を創るべき子どもたちが、ポプラ（白楊）の樹のように、まっすぐにすくすくと成長することを願って、児童図書専門出版社として創業いたしました。

創業以来、すでに六十六年の歳月が経ち、何人たりとも予測できない不透明な世界が出現してしまいました。

この未曾有の混迷と閉塞感におおいつくされた日本の現状を鑑みるにつけ、私どもは出版人としていかなる国家像、いかなる日本人像、そしてグローバル化しボーダレス化した世界的状況の裡で、いかなる人類像を創造しなければならないかという、大命題に応えるべく、強靭な志をもち、共に未来を語り共に希望を語りあえる状況を創ることこそ、私どもに課せられた最大の使命だと考えます。

ポプラ社は創業の原点にもどり、人々がすこやかにすくすくと、生きる喜びを感じられる世界を実現させることに希いと祈りをこめて、ここにポプラ新書を創刊するものです。

未来への挑戦！

平成二十五年　九月吉日　　株式会社ポプラ社